lonely planet

DE CERCA

VENECIA

AF894174

Paula Hardy y Julia Buckley

Sumario

Arriba: Carnaval (p. 24).
Abajo: Caffè Florian, Piazza San Marco (p. 48).

Puesta a punto ... 4

Explorar Venecia 35

Guía práctica 173

DESDE ARRIBA A LA IZDA.: FOTOGRAFICHE/SHUTTERSTOCK ©, CORTESÍA DE CAFFÈ FLORIAN ©

★ Imprescindible

El viaje empieza aquí

Venecia es pura imaginación. Es una ciudad de palacios de mármol construida en una laguna pantanosa... un lugar en el que parece imposible vivir. Sin embargo, en este paisaje irreal, donde los coches brillan por su ausencia, me siento más conectada con los demás que en cualquier otro lugar. Eso es porque Venecia solo funciona mediante un acto de extraordinaria colaboración. En ningún otro lugar se requiere nuestra contribución con tanta urgencia, ya que Venecia es la primera línea del futuro. Con su belleza sobrecogedora construida por manos humanas, nos recuerda que no somos meros observadores pasivos, sino artistas y agentes de cambio.
Paula Hardy

Paula Hardy
@paulahardy
Paula lleva dos décadas colaborando con guías Lonely Planet de Italia. En este tiempo, ha explorado cada rincón de Venecia, y ha contribuido a docenas de guías sobre Venecia y el Véneto.

Ha escrito los capítulos de Dorsoduro y la Accademia, San Polo y Santa Croce, Giudecca, el Lido y las islas del sur.

Julia Buckley
Antigua editora de viajes de publicaciones británicas como *The Independent* o *Evening Standard*, Julia se trasladó a Venecia en el 2020. Habla italiano y tiene raíces genovesas y toscanas. Escribe sobre Italia, sobreturismo y accesibilidad.

Ha elaborado los capítulos de San Marco y el Palazzo Ducale, Cannaregio y el Gueto, Castello y Murano, Burano y las islas del norte.

Canal Rio di San Cassiano, San Polo (p. 83).
EFIRED/SHUTTERSTOCK ©

LO MEJOR

Arquitectura

A lo largo de los siglos, la arquitectura veneciana ha evolucionado hasta convertirse en una mezcla tan deslumbrante de materiales, estilos e influencias que pasa desapercibida su singular característica definitoria: ¡que flota!

Montarse en el *vaporetto* 1 para disfrutar de más de mil años de historia arquitectónica a orillas del **Gran Canal.** (p. 106)

Admirar el conjunto arquitectónico de la **Piazza San Marco** (p. 48; en la foto), con una basílica bizantina, el Campanile (campanario) renacentista y un palacio napoleónico.

Admirar la neoclásica **Basilica di San Giorgio Maggiore** (p. 142) de Palladio y la iglesia barroca de **I Gesuiti.** (p. 121)

Subir a la gran cúpula de **La Salute** (p. 72) y la **Scala Contarini del Bovolo,** una escalera de caracol con vistas memorables. (p. 55; en la foto)

Sentarse en un compartimento dorado en compañía de dulces querubines en la ópera de **La Fenice.** (p. 54)

Rendir tributo a Carlo Scarpa en la **Fondazione Querini Stampalia,** donde la marea inunda el sótano. (p. 135)

Derecha: La Fenice (p. 54).

DESDE LA IZDA.: MARINA113/ISTOCK ©, FELIPE RODRÍGUEZ/500PX ©, MATS SILVAN/GETTY IMAGES ©

LO MEJOR

Experiencias culturales

No hay fiestas como las de Venecia. Entre mascaradas de Carnaval, desfiles de embarcaciones de época, conciertos, regatas en verano y festivales de cine, la agenda de la ciudad está repleta, y pocos lugares ofrecen un escenario tan hermoso.

Ver el desfile del Gran Canal y las mascaradas durante los diez días del **Carnaval** de Venecia. (p. 106)

Descubrir arte contemporáneo y arquitectura en los jardines públicos y en el Arsenale en **La Biennale di Venezia.** (p. 130)

Disfrutar de fuegos artificiales desde un barco o desde la Riva degli Schiavoni en la **Festa del Redentore,** en julio. (p. 149; en la foto)

Animar a miles de personas remando en la **Vogalonga** y celebrar la llegada del ganador a la Punta della Dogana. (p. 77)

Disfrutar de estrenos entre los famosos que se codean en el **Festival Internacional de Cine de Venecia.** (p. 152; en la foto)

Asistir a la misa de Navidad en la histórica **Basilica di San Marco** (p. 40) y recibir el Año Nuevo con un concierto en **La Fenice.** (p. 54)

Derecha: Carnaval (p. 106).

DESDE LA IZDA.: ROSELINDE BON/SHUTTERSTOCK ©, MARILLA SICILIA/ARCHIVIO MARILLA SICILIA/MONDADORI PORTFOLIO VIA GETTY IMAGES, MARIAN78RO/SHUTTERSTOCK ©

LO MEJOR

Gastronomía de la laguna

Las islas verdes y la acuicultura de la laguna aportan verduras, pescado y marisco que no se encuentran en otros lugares. Todo ello aparece en la inventiva cocina veneciana, que tiene huellas fascinantes de las antiguas rutas de las especias.

Disfrutar de la brisa marina en las magníficas cocinas venecianas de **Riviera** (p. 78), **La Palanca** (p. 154) y **Trattoria al Gatto Nero.** (p. 171; en la foto)

Intimar con los ingredientes venecianos en la septuacentenaria **Pescaria** (p. 91) y los bares circundantes; el mejor, **All'Arco.** (p. 96)

No perderse los tradicionales: **Antiche Carampane** (p. 102) y **Al Covo** (p. 138). Por algo son famosos.

Empezar el día como un veneciano en panaderías como **Tonolo** (p. 79), **Chiusso** (p. 138) o **Costantini.** (p. 163)

Subirse a la embarcación **Eolo** de Mauro Stoppa en la isla de Vignole para una experiencia gastronómica única. (p. 170)

Cenar en el bonito **Ristorante Quadri** (p. 58), sobre el **Caffè Quadri,** en el **Glam** (p. 103; en la foto) y en **Local** (p. 138), con estrellas Michelin y una cocina veneciana creativa.

Derecha: Caffè Quadri.

DESDE LA IZDA.: ALLISON ZURFLUH/COURTESY IMAGE ©, PAOLO CHIODINI/CORTESÍA DE RISTORANTE GLAM ©, CORTESÍA DE CAFFÈ QUADRI ©

LO MEJOR

Artesanía única

Venecia ha conservado vivas sus tradiciones artesanales durante siglos, especialmente el cristal, el papel, los tejidos y la madera. Es hora de sumergirse en talleres escondidos para ver a hábiles artesanos creando calzado, papel jaspeado o brillantes joyas de cristal.

Ir a la caza de tesoros *vintage* en el **Mercatino dell'Antiquariato** (p. 57) o buscar equivalentes modernos en los estudios de artistas de **Giudecca.** (p. 155)

Visitar al venerable maestro impresor y encuadernador **Paolo Olbi** (p. 81) y la estrella emergente de **Paperoowl** (p. 104), Stefania Giannici.

Aventurarse hasta **Murano** (p. 160; en la foto) para visitar talleres y hornos de vidrio, e ir a Burano para ver encaje en **La Bottega dell'Arte.** (p. 161)

Comprar terciopelo artesanal en **Tessitura Luigi Bevilacqua** (p. 97; en la foto) o cojines sensacionales en **Fortuny Tessuti Artistici.** (p. 151)

Descubrir la completa tienda **Bottega Cini,** que solo tiene productos artesanales hechos en Venecia. (p. 80)

Viajar ligero con los dibujos a tinta de **Codex Venezia** (p. 123), las tarjetas de visita de **Gianni Basso** (p. 123) o una *tote bag* de **DoppioFondo.** (p. 104)

DESDE LA IZDA.: FREEDOMPIC/SHUTTERSTOCK ©, HEMIS/ALAMY STOCK PHOTO

MATTHIAS SCHOLZ/ALAMY STOCK PHOTO ©

Fondamenta della Misericordia (p. 119).

LO MEJOR

Experiencias nocturnas

La hora más feliz empieza sobre las 18.00, cuando los venecianos acuden a sus *bacari* (bares) preferidos a disfrutar de *aperitivi* (aperitivo). Más tarde, la noche puede ir en cualquier dirección, desde *jams* de *jazz* a conciertos en palacios.

Descubrir las zonas de bares: **Rialto** (p. 89), **Fondamenta della Misericordia** (p. 119) y **Via Garibaldi.** (p. 137)

Asistir a conciertos de música clásica en las salas de cofradías religiosas *(scuolas)* como **Carmini** (p. 74) y **San Giovanni Evangelista.** (p. 99)

Disfrutar de cócteles en **Il Mercante** (p. 100), ginebra en **Il Santo Bevitore** (p. 113) o sabores diversos en **Il Palazzo Experimental.** (p. 80)

Tomar algo donde vivía antiguamente el dux en el dorado **Bar Dandolo** (p. 139), y luego ir a la ópera en **La Fenice.** (p. 54)

Catar vino en la **Vineria all'Amarone** (p. 98), o dejarse caer en los excelentes **Estro** (p. 78) y **Vino Vero.** (p. 123)

Visitar lugares de copas ideales en verano: **Campo Santa Margherita** (p. 72; en la foto), **Zattere** (p. 74) y cualquier playa del **Lido.** (p. 150)

LO MEJOR

Arte renacentista

La cantidad de obras maestras que hay aquí es alucinante. El motivo es sencillo: históricamente, Venecia cuidaba de sus artistas para que pudieran plasmar sus ideas por toda la ciudad.

Admirar el retablo de Tiziano en **I Frari** (p. 92), la obra renacentista más famosa de Venecia, y las obras olvidadas de Veronese en la **Chiesa di San Sebastiano.** (p. 75)

Visitar el epicentro del arte renacentista veneciano, **Gallerie dell'Accademia,** con 37 salones llenos de obras maestras. (p. 64)

Visitar el **Palazzo Ducale** para admirar obras de arte épicas, como el icónico León de San Marco de Carpaccio o el incomparable *Paraíso* de Tintoretto. (p. 44)

Ver el furioso ciclo de pinturas de Tintoretto en la **Scuola Grande di San Rocco,** que preparó el camino para la primera modernidad. (p. 86)

Buscar las bellas obras de Bellini en las históricas iglesias de **San Zaccaria** (p. 133) y **San Francesco della Vigna.** (p. 134)

Gallerie dell'Accademia (p. 64).

ALEX RAMSAY/ALAMY STOCK PHOTO ©

LO MEJOR

Arte moderno

A pesar del gran peso de la historia, Venecia siempre ha sido una ciudad que mira hacia delante, donde coexisten el comercio y la cultura. Las exposiciones de vanguardia y los estudios contemporáneos permiten mirar hacia el horizonte.

Asistir a la feria de arte más prestigiosa del mundo, **La Biennale di Venezia.** (p. 130; en la foto)

Descubrir el arte moderno italiano en el *palazzo* barroco **Ca' Pesaro** (p. 97; en la foto) y los referentes internacionales en la **Peggy Guggenheim Collection.** (p. 68)

Aprender a hacer cuentas de vidrio en **Muranero** (p. 133), experimentar con el soplado de vidrio en **Wave Murano Glass** (p. 160) y ver a los maestros modernos en **Le Stanze del Vetro.** (p. 145)

Disfrutar de fotografía internacional en **Le Stanze della Fotografia** (p. 145) y apuntarse a un taller en el **Venezia Internatinal Photo Festival.** (p. 153)

Reflexionar sobre la vanguardia del arte conceptual, la escultura y el videoarte en la **Fondazione Prada** (p. 98), el **Palazzo Grassi** (p. 55) y la **Punta della Dogana.** (p. 73)

Crear arte gráfico en un curso de grabado en **Fallani Venezia** (p. 120) o **DoppioFondo.** (p. 104)

DESDE LA IZDA.: JULIET COOMBE/LONELY PLANET ©, MARIA SIDELNIKOVA/SHUTTERSTOCK ©

Flamencos, laguna de Venecia (p. 167).

LO MEJOR

Aventuras por la laguna

Los ibis blancos se posan en los bancos de arena y las aguas cambian a su antojo de un verde azulado a un color plata oxidado. En este paisaje liminal se viven experiencias extraordinarias.

Descubrir los orígenes de Venecia en la isla de **Torcello,** con su atractiva basílica, sus senderos y sus curiosos museos. (p. 158)

Catar el inusual vino Dorona, que en su día saboreaba el dux, en el pintoresco viñedo de **Venissa** en Mazzorbo. (p. 169)

Disfrutar de arte renacentista, escultura contemporánea, arquitectura palladiana y exposiciones de cristal y fotografía en la **Isola di San Giorgio Maggiore.** (p. 142)

Ver ibis y flamencos por el norte de la laguna con **Venice Bird Watching** (p. 167). Aprender a remar de pie al estilo veneciano con **Row Venice.** (p. 119)

Aventurarse al sur del Lido hasta la rural **Pellestrina** para ver los enormes diques y cenar entre pescadores. (p. 150)

Lo mejor para niños

Subir a una torre del reloj, a *campanili* (campanarios) y a cúpulas para tener vistas magníficas en la **Torre dell'Orologio** (p. 49), la **Basilica di San Giorgio Maggiore** (p. 142) y **La Salute.** (p. 72)

Surcar el **Gran Canal** (p. 106) en un *vaporetto* (pequeño ferri de pasajeros) e ir en bicicleta por el **Lido** (p. 146) en verano. Esas vistas no cansan.

Ponerse fino con los buñuelos de crema de Marsala de la **Pasticceria Tonolo** (p. 79) y seguir con un helado de avellana en la **Gelateria Nico.** (p. 74)

Comprar recuerdos en **Signor Blum** (p. 81) y **Ponte dei Sogni** (p. 139). Los más mayores pueden creárselos ellos mismos en **Fallani Venezia.** (p. 120)

Aprender a hacer máscaras en **Ca' Macana** (p. 76) o **Ca' del Sol** (p. 134), o contemplar a los maestros del cristal en **Wave Murano Glass.** (p. 160)

Lo mejor gratis

Hacer un circuito a pie entre los palacios de **San Marco** (p. 50); la Unesco considera que toda la ciudad es una obra de arte.

Disfrutar de acceso gratis al museo **Gallerie dell'Accademia** (p. 64) y otros museos de la ciudad el primer domingo del mes.

Salir a correr con vistas a la laguna por las **Zattere** (p. 74), o dar un paseo viendo una puesta de sol rosada por la **Riva degli Schiavoni.** (p. 133)

Descubrir obras maestras fabulosas en las iglesias de **San Zaccaria** (p. 133), **San Pantalon** (p. 71), **La Salute** (p. 72) y **San Lazzaro dei Mendicanti.** (p. 132)

Pasear hasta el parque de esculturas de **San Servolo** (p. 152), el inquietante cementerio de **San Michele** (p. 167) y la playa salvaje de **Alberoni.** (p. 150)

Tres días perfectos

¿Por qué molestarse con una máquina del tiempo? Un paseo por Venecia lleva desde Bizancio al Renacimiento, desde Vivaldi a instalaciones de videoarte en galerías contemporáneas. He aquí propuestas para ponerse en marcha.

Osteria al Squero (p. 76).

DESDE LA IZDA.: MATTHIAS SCHOLZ/ALAMY STOCK PHOTO ©, DAMIEN SIMONIS/LONELY PLANET ©, JULIET COOMBE/LONELY PLANET ©, SEDMAK/ GETTY IMAGES/ISTOCKPHOTO ©

PRIMER DÍA

Si solo se dispone de un día

MAÑANA

Se empieza un día repleto con un expreso en el **Gran Caffè Quadri** (p. 48; en la foto), para luego hacer una incursión en la **basílica** de Piazza San Marco (p. 40), la **torre del reloj** (p. 49) y el **Campanile** (p. 49). Se come en **L'Ombra del Leone** (p. 59).

TARDE

Se toma un *vaporetto* y se recorre el Gran Canal, pasando por La Salute, hasta la **Gallerie dell'Accademia** (p. 64). Se saca una foto del puente y luego se visita esta colección de obras maestras renacentistas venecianas.

NOCHE

Si hace calor, se va a **Nico** (p. 74) para un helado con vistas; de lo contrario, se va a la **Osteria al Squero** (p. 76), admirando las góndolas del astillero de enfrente. Se cena en **Adriatica** (p. 78), en **Il Palazzo Experimental** (p. 80).

SEGUNDO DÍA

Un fin de semana

MAÑANA

Se empieza temprano curioseando en el **mercado de Rialto** (p. 89; en la foto). Luego se toma un prosecco matutino en **Bancogiro** (p. 90) y unos *cicchetti* (tapas venecianas) en **All'Arco** (p. 96). Entonces se visita **I Frari** (p. 92) para ver el retablo de Tiziano y la **Scuola Grande di San Rocco** (p. 86), con obras espectaculares de Tintoretto.

TARDE

Tras disfrutar de un sándwich en **Bar Ai Nomboli** (p. 103), se toma un *vaporetto* hasta el paraíso del arte moderno que es la **Peggy Guggenheim Collection** (p. 68). Se sigue hasta **La Salute** (p. 72) para disfrutar de las vistas.

NOCHE

Se vuelve atrás para ir al animado **Campo Santa Margherita** (p. 72) para tomar un *aperitivo* al aire libre o bien se va a **Stappo** (p. 103) para degustar cocina veneciana contemporánea.

TERCER DÍA

Una escapada

MAÑANA

Se empieza con café y pastas en **Rosa Salva** (p. 138), y luego se visita la épica basílica de **Zanipolo** (p. 132). Se va en busca de la *Virgen con el Niño* de Negroponte en la **Chiesa di San Francesco della Vigna** (p. 129; en la foto) y de la maravilla de mármol que es **Santa Maria dei Miracoli** (p. 120).

TARDE

Se recorre el canal hasta la **Fondamenta della Misericordia** (p. 119) para comer al sol en uno de sus bares y se visitan las sinagogas del antiguo **Gueto** (p. 116). Más tarde, un paseo en góndola por el **Cannaregio** (p. 109).

NOCHE

Se elige entre *aperitivi* en **Vini da Gigio** (p. 122), cena en **Venetika** (p. 122) o una noche en la ópera en la joya de Venecia, **La Fenice** (p. 54).

Con más tiempo

El multimillonario François Pinault presenta provocadoras exposiciones contemporáneas en el **Palazzo Grassi** (p. 55) del Gran Canal y en **Punta della Dogana** (p. 73), el antiguo almacén de la aduana de Dorsoduro. Se pasa por la **Chiesa dei I Gesuati** (p. 71) para admirar el fresco del techo de Tiepolo, y se va en *vaporetto* a Giudecca para comer en **La Palanca** (p. 154).

Más tarde se da un paseo por el malecón disfrutando de las vistas de San Marco al otro lado de la laguna. Se toma un *vaporetto* a la Isola di San Giorgio Maggiore, donde se encuentra su deslumbrante **basílica obra de Andrea Palladio** (p. 142) y su monasterio convertido en centro cultural, **Fondazione Giorgio Cini** (p. 143). Se admira la obra de Tintoretto junto al altar y se sube al campanario. Se recorre el parque para ver cristal contemporáneo y exposiciones de fotografía en **Le Stanze del Vetro** (p. 145) y **Le Stanze della Fotografia** (p. 145).

En invierno, se regresa al Castello para tomar algo en **La Barrique** (p. 139) y cenar en **Local** (p. 138). En verano, merece la pena ir al Lido para cenar con vistas en **L'Essentiale** (p. 154).

La Palanca (p. 154)

DARRYL BROOKS/SHUTTERSTOCK ©

Una excursión a la laguna

Se desayuna en el **Bar Cupido** (p. 123), junto al emcarcadero del *vaporetto,* para luego embarcar y ver la laguna salvaje del norte. Se va a Torcello por los mosaicos deslumbrantes en la **Basilica di Santa Maria Assunta** (p. 158; en la foto). Se regresa a Burano, se visita el **Museo del Merletto** (p. 169) y se come en la **Trattoria al Gatto Nero** (p. 171).

Se sigue en *vaporetto* hasta Murano. El **Museo del Vetro** (p. 170) ofrece una excelente panorámica del arte en vidrio. Después se descubre a los maestros modernos de la isla y se visita la **Basilica dei Santi Maria e Donato** (p. 167) con su suelo de mosaico de mármol.

Se vuelve a Cannaregio para cenar en la **Osteria L'Orto dei Mori** (p. 122).

En un día de lluvia

Se busca refugio en el interior dorado del **Caffè Florian** (p. 53; en la foto). Luego, se va en *vaporetto* a ver el arte contemporáneo del **Palazzo Grassi** (p. 55). Se come en la cafetería de la azotea.

Desde ahí, hay cinco minutos hasta el **Museo Fortuny** (p. 54), la casa-museo del diseñador Mario Fortuny. Se toma otro *vaporetto* de San Angelo hasta San Stae para pasar una tarde entre arte moderno italiano en **Ca' Pesaro** (p. 97) y tomar café en su cafetería, que da al Gran Canal.

Para terminar el día, merece la pena andar cinco minutos hasta el acogedor **Antiche Carampane** (p. 102), escondido en la parte más antigua de Venecia, para una cena tradicional.

DESDE LA IZDA.: DALIU/GETTY IMAGES ©, CORTESÍA DE CAFFÈ FLORIAN ©

Prepararse

ANTES DE PARTIR

2-3 meses antes
Reservar alojamiento en temporada alta, entradas para **La Fenice** (p. 54), inauguraciones de la **Bienal** (p. 130) y estrenos del **Festival Internacional de Cine de Venecia** (p. 152).

Un mes antes
Consultar el calendario de eventos especiales en veneziadavivere.com y veneziaunica.it.

Dos semanas antes
Reservar mesa en los restaurantes más populares; evitar colas reservando entradas para atracciones y eventos en las webs específicas o en veneziaunica.it.

Costumbres

Los venecianos no son muy efusivos; se dan la mano y besos, pero un alegre *ciao* es un saludo más habitual.

El turismo masivo es un problema serio. Hay que tratar de evitar los atascos caminando por el lado derecho en las calles estrechas, no pararse mucho tiempo en los puentes y moverse por el interior en los abarrotados autobuses acuáticos.

En verano, hay que relegar los bañadores y la ropa de playa al Lido y no usarla en la ciudad.

'Andar per bacari'

La expresión "ir de *bacari*" (bares de vino) significa mucho más que ir a tomar algo. Es una invitación a la amistad y una buena conversación a partir de una copa de vino y unas tapas en un sencillo bar local. La tradicional *ombra* es una copita de vino asequible, a veces de tirador, que se acompaña con *cicchetti* (tapas venecianas). Los *cicchetti* clásicos incluyen albóndigas, sardinas, brandada de bacalao y pulpo.

Información útil

Lunes, martes y enero Muchos museos y restaurantes están cerrados o tienen día de descanso a principios de semana, y otros tantos cierran varias semanas en enero, después de Reyes. Muchas galerías planean sus exposiciones para coincidir con la Bienal (med abr-med nov).

Live Venice (live-venice.it) Recomendable guía por internet con noticias sobre exposiciones, eventos y conciertos.

Entrada Desde abril del 2024, Venecia cobra una entrada de 5 € para visitantes de un día en la temporada de máxima afluencia entre abril y julio. Aunque el viajero se aloje en un hotel de la ciudad, tendrá que registrarse para conseguir una exención; consúltese cda.ve.it.

Puntualidad Se recomienda planear las rutas y calcular los tiempos de desplazamiento con la *app* CheBateo? Los restaurantes cierran puntualmente a las 15.00 y a las 23.00.

PROPINAS

En Venecia no hay una obligación especial de dejar propina, aunque se agradece en los hoteles y restaurantes de calidad con un servicio excepcional.

10 %
Restaurantes Si no se incluye servicio

1 €
Cafeterías y bares Redondear al siguiente euro

2 €
Baños públicos Coste habitual

0 %
Taxis acuáticos y góndolas No es necesario

PRESUPUESTO DIARIO

Económico Menos de 125 €

- Cama en dormitorio colectivo: **25-38 €**
- *Cicchetti:* **2-5 €**
- *Traghetto* (ferri): **2 €**
- Billete de transporte público 24 h: **25 €**

Medio 125-250 €

- Habitación doble en B&B: **80-180 €**
- Cena de dos platos con vino: **35-45 €**
- Guía turístico oficial: **85 €/h**
- Entrada en museo: **15-18 €**

Alto Más de 250 €

- Habitación doble en hotel-*boutique:* **225-350 €**
- Comida *gourmet* con vino: **120-200 €**
- Entradas para la ópera en La Fenice: **150-200 €**
- Taxi acuático privado o trayecto en góndola: **80 €**

Moneda
Euro (€)

Idioma
Italiano, dialecto veneciano

Hora local
Hora central europea (GMT/UTC + 1 h)

ROY CONCHIE/ALAMY STOCK PHOTO ©

CONSEJO

El portal turístico Venezia Unica ofrece abonos y billetes de transporte para varios días y permite adaptarlos a las necesidades de cada uno. Para los visitantes de entre 6 y 29 años se recomienda la tarjeta Rolling Venice.

Cuándo ir

Venecia es un gran destino para todo el año, con entretenimiento sin fin. Los precios suben en Carnaval, Semana Santa, el festival de cine y Navidad. Primavera y otoño son ideales, mientras que el invierno es tranquilo y evocador.

Ninguna ciudad monta celebraciones como Venecia. Las más destacadas son el Carnaval, la semana inaugural de la Bienal (abril) y el Festival Internacional de Cine (septiembre). En estos períodos cabe esperar multitudes, restaurantes abarrotados y precios estratosféricos. En agosto también hay mucha gente, aunque no debería ser así, por la incomodidad del calor y la humedad (a menos que uno se aloje en el Lido). Abril y mayo anuncian la primavera y traen consigo precios más razonables, mientras que octubre y noviembre tienen sol tardío y precios más bajos, aunque cuidado con el *acqua alta* (marea alta).

Grandes eventos

Febrero/marzo El **Carnaval** es el gran evento de Venecia, con su desfile de embarcaciones por el Gran Canal, teatro en la calle, desfiles de disfraces y bailes de máscaras en *palazzi*.

Abril/mayo a noviembre La **Biennale di Venezia** (p. 130) explora temas globales a través del arte (años impares) y la arquitectura (años pares). No falta arte de vanguardia, teatro, cine y música.

Agosto/septiembre Lo único más candente que las playas del Lido a finales de agosto es la alfombra roja del **Festival Internacional de Cine de Venecia** (p. 152), una glamurosa cita con famosos.

Septiembre Durante la **Regata Storica,** los trajes del s. XVI, las góndolas de ocho remos y las barcas recrean la llegada de la reina de Chipre a Venecia. Tras el desfile flotante, niños, mujeres y *gondolieri* compiten en carreras de remo.

Clima

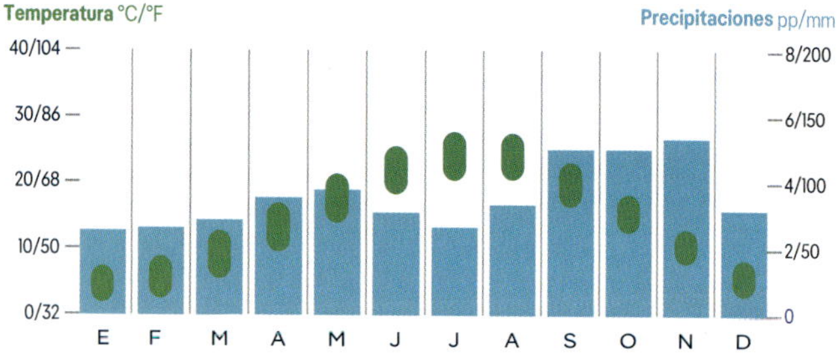

RENATO MUROLO 68/ SHUTTERSTOCK ©

Maratón de Venecia (p. 74).

Curiosidades locales

Mayo/junio La popular regata veraniega de 32 km, la **Vogalonga** (p. 77), empieza en el Palazzo Ducale, pasa por Burano y Murano, y termina con vítores enardecidos en la Punta della Dogana. Compiten casi mil equipos de remo.

Julio La **Festa del Redentore** (p. 149) empezó tras la peste como una procesión en agradecimiento a la Chiesa del Il Redentore de Giudecca. A la procesión sigue el mayor espectáculo pirotécnico de la ciudad, que los venecianos ven desde sus barcas.

Octubre Hasta 6000 corredores participan en la **maratón de Venecia** (p. 74), 42 km de paisajes espectaculares por la Riviera del Brenta desde Stra hasta Venecia. Una vez allí, corren por un puente flotante de 160 m para terminar en Piazza San Marco.

21 de noviembre Desde la peste del s. XVII, los venecianos han cruzado el Gran Canal por un puente temporal durante la **Festa della Madonna della Salute** (p. 72) para mostrar su gratitud en la basílica de La Salute.

CONSEJOS SOBRE ALOJAMIENTO

En temporada baja (noviembre, principios de diciembre y de enero a marzo, salvo Carnaval y Semana Santa), suele haber descuentos del 20% o más respecto a los precios de temporada alta. En temporada alta, los mejores precios son entre semana. Las tarifas más altas se pagan en Navidad/Año Nuevo, Carnaval y Semana Santa.

Cómo llegar

La mayoría de la gente llega a Venecia en avión al aeropuerto Marco Polo o en tren a la estación de Santa Lucia. En ambos casos, hay que completar el viaje en *vaporetto* (pequeño ferri de pasajeros) o en taxi acuático.

Del aeropuerto al centro

En ferri de pasajeros o taxi acuático

Alilaguna (alilaguna.it) tiene una lanzadera acuática desde el aeropuerto Marco Polo a distintos puntos de Venecia. Hay una taquilla en la terminal de llegadas y máquinas de venta de billetes.

El billete a Murano cuesta 8 €, y todos los demás destinos de Venecia cuestan 15 €. El trayecto dura 45-90 min, según el destino. Hay cuatro rutas: la línea azul para en el Lido, San Marco y Dorsoduro, la línea roja para en Murano y el Lido, la línea naranja para en la estación de tren de Santa Lucia, Rialto y San Marco vía Gran Canal, y la línea amarilla en Murano y Fondamente Nove (Cannaregio). Los **taxis acuáticos privados desde el aeropuerto** cuestan 140 € para hasta 10 pasajeros. Se reservan en veneziataxi.it, en motoscafivenezia.it o en la terminal de llegadas. Los taxis compartidos (32 € por persona) se reservan en venicelink.com; esperan a llenarse antes de salir, y tienen puntos de llegada establecidos.

En autobús o taxi

Dejan en Piazzale Roma, el único punto del centro accesible a los coches. Un billete de autobús cuesta 10 €, y un taxi, 55-65 € por un trayecto de 20 min.

Otros puntos de entrada

Estación de tren de Santa Lucia

Todos los trenes terminan en la estación de tren de Santa Lucia (que aparece en los carteles de Venecia como 'Ferrovia'). Hay una oficina de información turística enfrente del andén 3 donde se puede conseguir un plano y comprar billetes de *vaporetto* para seguir el viaje. Los embarcaderos del *vaporetto* están enfrente de la estación.

Aeropuerto de Treviso

Algunas compañías aéreas, como Ryanair, llegan al aeropuerto de Treviso, 26 km al norte de Venecia. ATVO tiene autobuses (12 € ida) a Venecia, que paran en Piazzale Roma, la principal estación de autobuses.

Cómo desplazarse

El medio de transporte público principal es el *vaporetto* (pequeño ferri de pasajeros). Son frecuentes y prácticos, pero son caros y van muy llenos en temporada alta. A veces es más rápido ir a pie. En el Lido y Pellestrina se admiten coches y bicis. Para quien tenga presupuesto, los taxis acuáticos privados son la forma más glamurosa de viajar.

'Vaporetto'

ACTV (actv.avmspa.it) gestiona los *vaporetti* de Venecia. Los embarcaderos principales a veces tienen dos muelles separados que corresponden a la misma línea, pero en direcciones opuestas. Hay que fijarse en las indicaciones del muelle para comprobar que se está en el lugar correcto.

Los de las líneas principales se llenan rápido, especialmente en horas punta, y en Carnaval y en temporada alta quizá estén abarrotados. Un servicio nocturno (N) circula por el Gran Canal y va al Lido y Giudecca entre 23.30 y 4.30.

A pie

Venecia se recorre fácilmente a pie, y la mayoría de los lugares distan 30 min. Además, cada trayecto es un recorrido memorable de arquitectura de primera. En las horas punta, cuando los *vaporetti* van llenos, es la mejor opción.

Góndola

Se ha convertido en una de las experiencias más icónicas de la ciudad. Los *gondolieri* siguen diversas rutas designadas. Se encuentran *stazi* (embarcaderos góndolas) por el Gran Canal y cerca de los monumentos. Cuesta 80 € por 40 min (100 € por 35 min después de las 19.00), sin incluir canciones y propinas.

DESDE LA IZDA.: HTTPS://PLAY.GOOGLE.COM/STORE/APPS ©, CANADASTOCK/SHUTTERSTOCK ©

'APP' ESENCIAL

CHEBATEO?

Para consultar los horarios del *vaporetto*, la duración de los trayectos y las rutas, está la *app* **CheBateo?** (Android, iOs y Windows), con información de salidas en tiempo real.

'Traghetto'

Un *traghetto* es el servicio de ferri en góndola que los lugareños utilizan para cruzar el Gran Canal, porque sus puentes están muy separados. Cuesta 2 € (solo efectivo) para no residentes. Suelen operar entre las 9.00 y las 18.00 (hasta las 16.30 en invierno). Hay seis cruces en el Gran Canal. El servicio puede ser irregular en invierno.

Taxi acuático

La forma de moverse más digna de James Bond es en estas elegantes lanchas de teca. Es caro: la mayoría de los trayectos cuestan más de 70 €, y se aplican suplementos para recogidas desde hoteles, equipaje adicional y grupos grandes. Llevan taxímetro, pero se puede negociar el precio con antelación. Las personas con discapacidades tienen derecho a un descuento del 20%.

No hay que animarlos a correr demasiado. Las estelas de las lanchas dañan los cimientos ancestrales de Venecia.

Bicicleta y ciclomotor

Está prohibido ir en bici por el centro de Venecia, pero en el Lido se pueden alquilar bicis y motos para llegar a las playas lejanas. Hay varias empresas de alquiler en Gran Viale Santa Maria Elisabetta. Debe presentarse un documento de identidad.

Transporte público

Precios

- **Vènezia Unica** (veneziaunica.it) es el principal proveedor de billetes. Se pueden comprar en las taquillas de los muelles principales, donde además hay planos de rutas. También se venden por internet.
- Un billete de ida cuesta 9,50 €. Sirve hasta 75 min después de validarlo.
- Si se planea hacer más de tres trayectos, hay que plantearse un billete de un día, que ahorra dinero y permite desplazamientos ilimitados durante 24 h desde la primera validación. Para períodos más largos, hay pases de 2, 3 o 7 días.
- Los jóvenes entre 6 y 29 años que lleven una tarjeta Rolling Venice (6 €) pueden conseguir un billete de 3 días por 27 € (en lugar de 45 €) en las oficinas de turismo.

Máquinas expendedoras

Los billetes del *vaporetto* se venden en máquinas de pantalla táctil en el aeropuerto, la estación de trenes, la terminal de cruceros y muchos muelles grandes. Primero se elige el idioma, y luego se selecciona la opción de servicios acuáticos.

Las máquinas aceptan dinero en efectivo y tarjetas de débito y de crédito. Si se paga con billetes, hay que fijarse en la nota de "cambio máximo" que hay debajo del precio del billete, ya que la máquina solo dispensa este importe y se puede acabar pagando de más.

Las máquinas solo venden billetes para servicios urbanos ACTV, no para las lanzaderas Alilaguna al aeropuerto.

Validar el billete

Siempre hay que validar el billete en las máquinas junto a las puertas de entrada. Basta con pasar la tarjeta por la cara frontal; sonará un pitido y las puertas se abrirán. Hay que hacerlo cada vez que se embarca, incluso con billetes de varios días.

PRECIOS

Lanzadera Alilaguna al aeropuerto
15 € ida

Billete 24 h del 'vaporetto'
25 €

Alquiler diario de bicicleta
10 €

IMPAGO DEL BILLETE

Si el viajero es sorprendido sin billete válido en el *vaporetto*, debe pagar una multa de 50 €, más la tarifa de 9,50 €.

BILLETES

La tarjeta turística de ACTV permite viajes ilimitados en *vaporetti* y autobuses en el Lido y Pellestrina.

Tipo de billete	€
24 h	25
48 h	35
72 h	45

PRINCIPALES RUTAS DE 'VAPORETTO'

1 Sale de Piazzale Roma o la estación de trenes, por el Gran Canal a San Marco y hasta el Lido.

2 Recorre el Gran Canal; es más rápida y hace menos paradas.

4y5 Las **líneas 4.1, 4.2, 5.1, 5.2** hacen rutas circulares por Venecia.

12 La **línea 12** Torcello, parando en Burano y Murano.

17 La **línea 17** es un ferri de coches entre Tronchetto y el Lido.

18 La **línea 18** va a Murano.

Otra cara de Venecia

En Venecia abunda lo insólito y lo ingenioso. ¿Qué es más sorprendente que una ciudad que flota sobre el agua?

Marea alta

La famosa *acqua alta* (marea alta) de Venecia aparece de forma regular en los titulares internacionales, como si fuese un canario en la mina de carbón del calentamiento global. Se produce entre octubre y marzo, cuando el húmedo siroco sopla desde el sur y evita que el agua abandone la laguna. Una marea se considera alta a 80 cm por encima de los niveles normales, y entonces Piazza San Marco (la parte más baja de la ciudad) se inunda. Las sirenas de la ciudad avisan un par de horas antes, se instalan pasarelas elevadas, los venecianos se ponen botas de goma, y la vida prosigue con normalidad hasta que pasa la marea alta (unas 3-4 h).

La marea muy alta (110 cm por encima de la media), como la que provocó daños por valor de 1000 millones de euros en el 2019, no debería volver a producirse ahora que están operativas las barreras del sistema MOSE.

El Centro Maree de Venecia tiene una previsión de mareas a 48 h vista en comune.venezia.it/it/content/centro-previsioni-e-segnalazioni-maree.

Piedras conmemorativas

Algunos de los monumentos más emotivos del Gueto son tan pequeños que es fácil pasarlos de largo. Las *stolpersteine* (lit., "piedras de tropiezo") son adoquines de cemento y latón hechos a mano por el artista alemán Gunter Demnig y colocados en el suelo en la entrada de los edificios (entre ellos el hospital de la ciudad) de donde se llevaron judíos a los campos de concentración nazis.

Cada "piedra" (*pietra d'inciampo* en italiano) lleva inscrito un nombre y la fecha de deportación y muerte, y es un poderoso recordatorio de una vida cruelmente truncada. En Venecia hay 185, la mayoría en el **Gueto** (p. 116). Se recomienda consultar la web pietredinciampovenezia.it, con un mapa de sus ubicaciones y biografías de las víctimas.

Invasión artística

La Biennale de Venecia, celebrada desde 1895, es la feria de arte y arquitectura contemporáneos más antigua y prestigiosa del mundo. Durante siete meses (de abril/mayo a noviembre), cobran vida el **Giar-**

PETE SEAWARD/LONELY PLANET ©

Marea alta, Gran Canal (p. 106).

ROBERT MESSER/PICTURE ALLIANCE VIA GETTY IMAGES ©

Bienal de Venecia (p. 130).

ARTFOTO53/SHUTTERSTOCK ©

Número de casa de Venecia.

TODD GIPSTEIN/CORBIS/CORBIS VIA GETTY IMAGES ©

Carrera de remo en Vogalonga (p. 77).

dini Pubblici (p. 131) y el astillero **Arsenale** (p. 130).

Es un esfuerzo hercúleo que requiere una organización muy precisa y cientos de embarcaciones, que transportan las instalaciones al recinto ferial para disfrute de los 600 000 asistentes. Simultáneamente, se celebran docenas de exposiciones en iglesias y palacios que no suelen estar abiertos, en edificios abandonados y en islas lejanas. También se organizan microfestivales de teatro (junio), danza (julio), cine (septiembre) y música (octubre). Para planificar, visítese labiennale.org.

El enigma del agua

Tras los puentes, los elementos arquitectónicos más comunes de Venecia son sus *poggi* (pozos). Antes de la construcción del acueducto, más de 6000 pozos recogían y filtraban el agua de lluvia para su uso, ya que el de la laguna no es potable. En la década de 1880, se reutilizaron para almacenar agua de manantial conducida desde las estribaciones de los Alpes a través del acueducto. El viajero puede llenar su botella para evitar las de plástico. Hay un mapa de las fuentes en venicetapwater.org.

Orientarse

El sistema de numeración de las casas de Venecia parece incomprensible: los números no son necesariamente consecutivos y alcanzan los millares. Eso es porque cada *sestiere* (barrio) tiene un sistema de numeración que empieza en la primera casa, como por ejemplo el **Palazzo Ducale** (p. 44) en el caso de San Marco, y serpentea por el barrio hasta la última casa. El barrio más grande, Castello, tiene 6828 casas.

El calendario de regatas

El remo de pie veneciano *(voga alla veneta)* es un deporte único y muy popular. En la ciudad hay unos 40 clubs de remo *(remiere)*, que participan en alguna de las 120 regatas que se celebran entre abril y septiembre.

Se realizan en embarcaciones distintas: *mascareta* para niños menores de 14 años y mujeres, *pupparino* para menores de 18 años, góndola para competiciones de 1/2/4 hombres, y *caorlina* para equipos de seis. El viajero puede probar la *voga* con **Row Venice** (p. 119).

FUERA DE RUTA

- Curiosear en el horno medieval de **Wave Murano Glass** (p. 160), donde se puede ver a los maestros trabajando.
- Ir a la **I&S Farm** (p. 168) de Sant'Erasmo para hacer una visita y degustar productos locales.
- Ver historia en acción con los telares del s. XVIII que tejen exquisito terciopelo en **Tessitura Luigi Bevilacqua** (p. 97).
- Ir al norte de la laguna con **Venice Bird Watching** (p. 167) para ver flamencos rosas.
- Huir de las multitudes de las playas del Lido pedaleando al sur hasta la rural **Pellestrina** (p. 150).

Explora Venecia

Imprescindible

Circuitos a pie y en bici por Venecia

Desfile de Carnaval, Gran Canal (p. 106).
ANIBAL TREJO/SHUTTERSTOCK ©

Sugerencias de lugares para comer, beber y comprar en **p. 58**

Explora
San Marco y el Palazzo Ducale

Desde hace más de mil años, visitantes de todo el mundo acuden a San Marco, antigua sede de los dux de la República de Venecia. Por entonces, el acceso por mar era espectacular: la vista del Palazzo Ducale recibía al visitante que llegaba desde la laguna, mientras oía las campanas del Campanile y la Torre dell'Orologio que daban las horas. Hoy en día, las estrechas calles de San Marco son las más concurridas de la ciudad, pero todavía es posible sentir la historia a cada paso. En los alrededores de Piazza San Marco se encuentran elegantes *palazzi* e iglesias que han permanecido inalterados durante siglos, y recorriendo el paseo marítimo se disfruta de las vistas del Bacino di San Marco. Bienvenidos a La Serenissima.

Cómo desplazarse

'Vaporetto'
El *vaporetto* n° 1 sigue el Gran Canal, serpenteando por el extremo occidental de San Marco desde Rialto hasta San Zaccaria (para Piazza San Marco).

'Traghetto'
Dos rutas de *traghetto* (ferris en góndola) cruzan el Gran Canal: Dogana (desde el embarcadero del *vaporetto* de San Marco) y Santa Maria del Giglio, junto al Palazzo Gritti.

A pie
Los laberínticos *calli* de San Marco son más fáciles de recorrer de lo que parece: las calles comerciales cortan hacia el norte desde Piazza San Marco hasta Rialto, mientras que la calle principal serpentea hacia el oeste en dirección al Ponte dell'Accademia.

Basilica di San Marco (p. 40).

KRZYSZTOF DYDYNSKI/LONELY PLANET ©

★

LO MEJOR

Comprobar que es oro todo lo que reluce en la **BASILICA DI SAN MARCO** (p. 40).

Pensar en los que antaño cruzaban el Puente de los Suspiros en el **PALAZZO DUCALE** (p. 44).

Sentirse en el "salón de Europa" en una cafetería de **PIAZZA SAN MARCO** (p. 48).

Retroceder en el tiempo viendo un espectáculo en la ópera **LA FENICE** (p. 54).

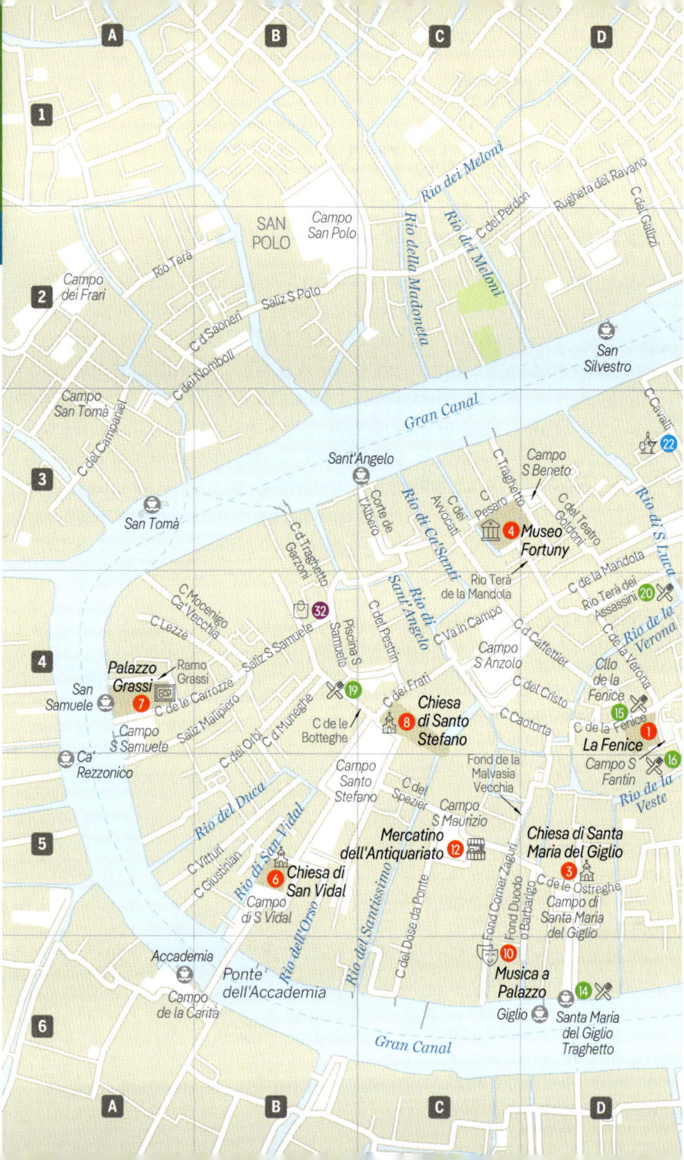
A
B
C
D
1
2
3
4
5
6
SAN POLO
Campo San Polo
Rio dei Meloni
Rio della Madoneta
C del Perdon
Rugheta del Ravano
C del Galizzi
Rio Terà
Campo dei Frari
Saliz S Polo
C d Saoneri
C dei Nomboli
San Silvestro
Campo San Tomà
C del Campaniel
Gran Canal
C Cavalli
22
Sant'Angelo
Campo S Beneto
C Traghetto
C Pesaro
C del Teatro Goldoni
Rio di S Luca
San Tomà
Corte de l'Albero
Rio di Ca' Santi
C dei Avvocati
4 Museo Fortuny
C d Traghetto Garzoni
Rio Terà de la Mandola
C de la Mandola
Rio Terà dei Assassini
20
C Mocenigo Ca' Vecchia
C Lezze
32
Piscina S Samuele
C del Pestrin
Rio di Sant'Angelo
C Va in Campo
C d Caffettier
Rio de la Verona
C de la Verona
Saliz S Samuele
Campo S Anzolo
Cllo de la Fenice
Palazzo Grassi
Ramo Grassi
San Samuele
7
C de le Carrozze
19
C dei Frati
C del Cristo
15
Chiesa di Santo Stefano
8
C de la Fenice
1
La Fenice
Campo S Samuele
Saliz Malipiero
C dei Orbi
C d Muneghe
C de le Botteghe
C Caotorta
Campo S Fantin
16
Ca' Rezzonico
Campo Santo Stefano
Fond de la Malvasia Vecchia
Rio de la Veste
Rio del Duca
C del Spezier
Campo S Maurizio
Rio di San Vidal
Mercatino dell'Antiquariato
12
Chiesa di Santa Maria del Giglio
3
C Vitturi
C Giustinian
Chiesa di San Vidal
6
C de le Ostreghe
Campo di S Vidal
Rio dell'Orso
Rio del Santissimo
C del Dose da Ponte
Fond Corner Zaguri
Fond Duodo o Barbarigo
Campo di Santa Maria del Giglio
Accademia
10
Ponte dell'Accademia
Musica a Palazzo
14
Campo de la Carità
Giglio
Santa Maria del Giglio Traghetto
Gran Canal
A
B
C
D

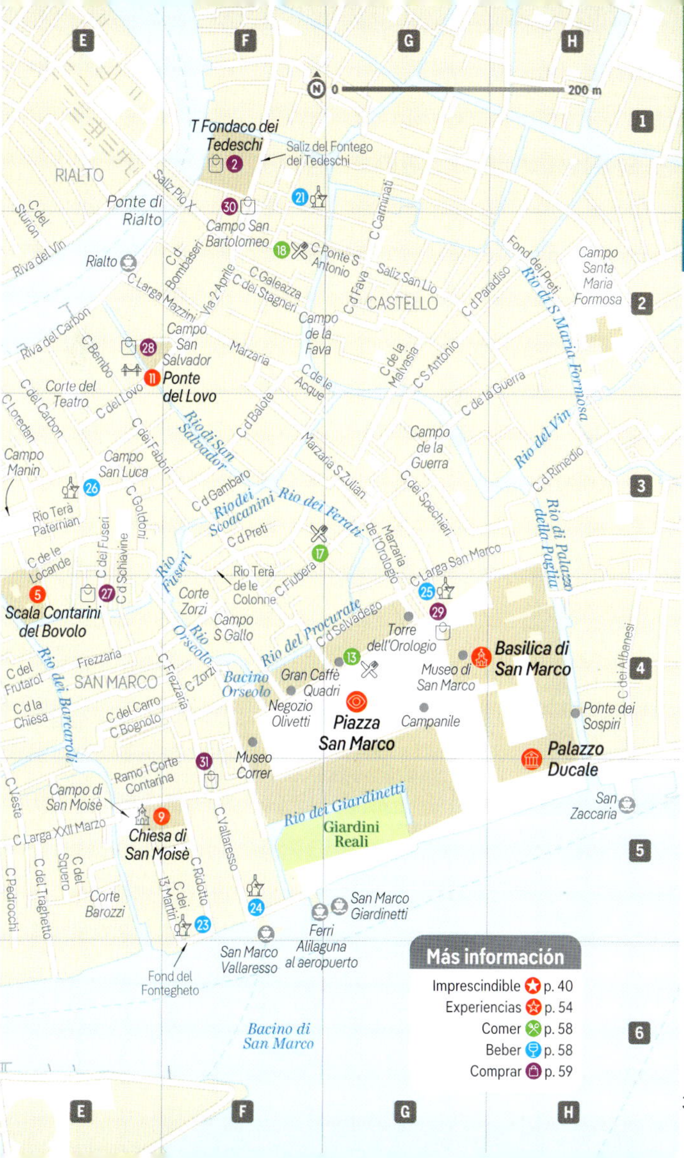
E
F
G
H
0
200 m
1
2
3
4
5
6
T Fondaco dei Tedeschi
Saliz del Fontego dei Tedeschi
RIALTO
Saliz Pio X
Ponte di Rialto
C del Sturion
Riva del Vin
Rialto
Campo San Bartolomeo
C Ponte S Antonio
C Carminati
Saliz San Lio
Fond dei Preti
Rio di S Maria Formosa
Campo Santa Maria Formosa
C d Bombaseri
C Larga Mazzini
Via 2 Aprile
C Galeazza
C dei Stagneri
C d Fava
CASTELLO
C d Paradiso
Riva del Carbon
C Bembo
Campo San Salvador
Marzaria
Campo de la Fava
C de la Malvasia
C S Antonio
Ponte del Lovo
C de le Acque
C de la Guerra
Corte del Teatro
C del Carbon
C Loredan
C del Lovo
Rio di San Salvador
C d Balote
Campo de la Guerra
Rio del Vin
Campo Manin
Campo San Luca
C dei Fabbri
Marzaria S Zulian
C dei Specchieri
C d Rimedio
C Goldoni
C d Gambaro
Rio dei Scoacanini
Rio dei Ferali
Rio Terà Paternian
C dei Fuseri
C d Schiavine
C d Preti
Marzaria de l'Orologio
Rio di Palazzo della Paglia
C de le Locande
Rio Fuseri
Rio Terà de le Colonne
C Fiubera
C Larga San Marco
Corte Zorzi
Scala Contarini del Bovolo
Campo S Gallo
Rio del Procurate
C d Selvadego
Torre dell'Orologio
Basilica di San Marco
Rio Orseolo
Museo di San Marco
C dei Albanesi
C del Frutarol
Rio dei Barcaroli
Frezzaria
SAN MARCO
C Frezzaria
C Zorzi
Bacino Orseolo
Gran Caffè Quadri
C d la Chiesa
C del Carro
C Bognolo
Negozio Olivetti
Piazza San Marco
Campanile
Ponte dei Sospiri
Palazzo Ducale
Museo Correr
Ramo 1 Corte Contarina
C Veste
Campo di San Moisè
Rio dei Giardinetti
San Zaccaria
C Larga XXII Marzo
Chiesa di San Moisè
C Vallaresso
Giardini Reali
C del Squero
C del Traghetto
C Pedrocchi
Corte Barozzi
C dei 13 Martiri
C Ridotto
San Marco Giardinetti
Ferri Alilaguna al aeropuerto
San Marco Vallaresso
Fond del Fontegheto
Bacino di San Marco
Más información
Imprescindible p. 40
Experiencias p. 54
Comer p. 58
Beber p. 58
Comprar p. 59

★ IMPRESCINDIBLE

Basilica di San Marco

Es preciosa y grandilocuente... como la propia Venecia. La Basilica di San Marco combina arquitectura bizantina, gótica y renacentista, y le añade un poco más de ostentación. En el interior hay brillantes mosaicos dorados, mientras que fuera, en una terraza, cuatro caballos de bronce brincan hacia Piazza San Marco.

PLANO: P. 38 **G4**

CONSEJO
Reservar las entradas con antelación por internet: son más caras, pero la cola es más corta. Dejar los bolsos grandes en el guardarropa. Cubrirse los hombros y las rodillas. La visita ocupa alrededor de 1 h.

Escanea este código QR para precios, horarios y demás.

Fachada

El techo abovedado de la basílica, las paredes revestidas de mármol y los arcos llenos de mosaicos la convierten en una de las iglesias más extravagantes de Italia. Cada uno de los cinco portales está bordeado por varias columnas (como si la regla veneciana fuese ¿por qué tener una cuando puedes tener muchas?), rematadas por un nicho de mosaico. El más antiguo de estos, del s. XIII, se encuentra en el extremo izquierdo de la fila inferior y representa el cuerpo robado de san Marco llegando a la basílica.

Columnas de pórfido egipcio y relieves tallados de los ss. XIII y XIV marcan la entrada principal (aunque se accede por las puertas de la derecha).

Nártex

El interior abovedado de la basílica está revestido con más de 8000 m^2 de espléndidos mosaicos dorados. Los más antiguos se encuentran en el nártex (atrio): la **Virgen con los Apóstoles y los Evangelistas** custodia la entrada desde hace más de 950 años. La cercana **cúpula de la Creación** escenifica 26 escenas del Libro del Génesis, desde la sorprendente separación del cielo y el agua hasta la historia de Adán y Eva.

HANI SANTOSA/SHUTTERSTOCK ©

Museo di San Marco

Al entrar en el nártex, una estrecha escalera conduce al **Museo di San Marco,** que alberga los tesoros religiosos de los dux. Lo más famoso son los cuatro caballos de bronce, que parecen relinchar y hacer resonar sus cascos desde la **Loggia dei Cavalli,** la espectacular terraza en voladizo sobre la plaza.

Los de fuera son reproducciones; los originales romanos (fundidos en el s. II) están en el museo, saqueados de Constantinopla en 1204. Al final de un pasillo se encuentra la sala de banquetes del dux.

Mosaicos interiores

La hipnótica iglesia propiamente dicha parece iluminada por los mosaicos resplandecientes que cubren las paredes hasta el techo abovedado, minuciosamente colocados a mano entre los ss. XIII y XVIII. Si en el nártex se repre-

UNA PAUSA

Si apetece un café, la *piazza* es ideal. Dos buenos lugares son el **Caffè Florian** (p. 53) y el **Quadri** (p. 48), las dos grandes cafeterías más famosas de San Marco.

UNA CAPILLA PRIVADA
Históricamente, esta fue la capilla del dux, mientras que la catedral de Venecia era **San Pietro di Castello,** al otro lado de la ciudad. En 1807, Napoleón trasladó la sede del obispado a San Marco.

sentan escenas del Antiguo Testamento, aquí se entra en el Nuevo. Aunque las escenas de la vida de Cristo en las paredes son hermosas, hay que alzar la vista hacia las cúpulas. En la **cúpula de la Ascensión,** ángeles y figuras bíblicas irradian desde la figura central de Jesús. No hay que perderse la **cúpula de San Leonardo,** con cuatro santas en los bordes.

Pala d'Oro

Pagando un pequeño suplemento, el viajero se encontrará entre los pocos afortunados que van más allá del altar mayor para ver lo que tal vez sea lo más espectacular: la **Pala d'Oro,** un retablo de altar de oro puro, realizado en Constantinopla en el año 976, ampliado y embellecido 200 años después con gemas robadas de la misma ciudad. Los paneles de esmalte representan figuras y escenas bíblicas, y contienen más de 2000 piedras preciosas.

MATIAS PLANAS/SHUTTERSTOCK ©

Mosaicos del suelo

La mayoría de la gente mira hacia arriba al pasear, embelesada, sin darse cuenta de la magia que está pisando: una alfombra de piedra de más de 2000 m^2. Los mosaicos del suelo, colocados entre los ss. XII y XIII, son remolinos geométricos de color, desde círculos y nudos en espiral hasta octógonos y rombos. Entre ellos hay camafeos de pavos reales, aves e incluso un incongruente rinoceronte.

Tesoro

El **Tesoro** es el almacén del botín de la Cuarta Cruzada, que supuso el saqueo de Constantinopla, y está repleto de pequeñas obras maestras bizantinas, desde cálices a candelabros, así como un icono del arcángel Miguel bañado en plata y oro y repleto de joyas, además de abundantes reliquias (los venecianos birlaban huesos sagrados allá donde iban).

Misa

Las visitas regulares muestran la belleza de la basílica, pero asistir a misa permite empaparse de su atmósfera. La del domingo por la mañana (10.00) está acompañada por un coro que canta desde lo alto (en balcones ocultos tras arcos con mosaicos). Para los oficios vespertinos, la basílica se ilumina tenuemente, de modo que parece que el oro ilumina la iglesia. En Navidad y Pascua, la Pala d'Oro se gira hacia los fieles.

Madonna Nicopeia

Si se entra para encender una vela o asistir a misa entre semana se irá a esta capilla lateral, con una Virgen de mejillas sonrosadas que presenta el Niño Jesús al visitante. Se trata de la **Virgen Nicopeia,** del s. XII, una de las imágenes más sagradas de Constantinopla antes de que, como era de esperar, fuera saqueado.

ECOS DE CONSTANTINOPLA

En la esquina sureste exterior hay cuatro figuras abrazadas incrustadas en la pared. Se los conoce como los Tetrarcas. Se cree que estos cuatro hombres con capa y espadas con empuñadura de cabeza de águila son romanos (tal vez representen al emperador Diocleciano y a sus colegas gobernantes). En San Marco desde hace siglos, fueron saqueados de una plaza de Constantinopla durante la Cuarta Cruzada.

★ IMPRESCINDIBLE

Palazzo Ducale

Tal vez el edificio más representativo de Venecia sea el Palacio Ducal, en parte por su deslumbrante ubicación frente al mar, en parte por su extraordinaria arquitectura, pero también porque fue la sede del poder de la República de Venecia durante unos 900 años. En su interior, todavía cuelga de las paredes una colección de arte de primer orden hecha a medida.

PLANO: P. 38 **H5**

CONSEJO
El Palazzo Ducale puede resultar abrumador, así que se recomienda dedicarle medio día y dar prioridad a las salas permanentes sobre las exposiciones temporales.

Escanea este código QR para precios, horarios y demás.

Fachada

Con una gloriosa fachada color caramelo que durante siglos recibió a los viajeros que llegaban a Venecia por mar, el Palazzo Ducale es la expresión perfecta del gótico veneciano, es decir, de la arquitectura gótica ordinaria aderezada con motivos e influencias de las tradiciones bizantina e islámica recogidas a través de las rutas comerciales.

Lo que se ve hoy se empezó a construir en 1340 y se restauró varias veces a lo largo de los siglos, tras los estragos causados por varios incendios. En 1577, Antonio da Ponte refinó su color rosa mezclando piedra blanca de Istria con mármol rojizo de Verona. Hay que mirar hacia arriba al pasar bajo la gran columnata: cada columna está coronada por una talla que representa a un gremio veneciano medieval.

Cortile

Este vasto patio es el sanctasanctórum interior del *palazzo*. Las musculosas estatuas de Marte y Neptuno (obra de Jacopo Sansovino) custodian lo que se conoce como la **Scala dei Giganti** (Escalera de los Gigantes), que conduce a la tallada **Porta della Carta,** actual salida a Piazza San Marco. Se entra por la **Scala d'Oro** (Escalera de Oro) de Sansovino, estucada y dorada como indica su nombre.

BMG_BORUSSE/GETTY IMAGES ©

Estancias del dux

Las salas del primer piso constituían la jaula dorada del dux (no podía salir de allí sin permiso). Actualmente se utilizan para exposiciones temporales, que suelen ser excelentes y permiten aprender sobre la historia o el arte venecianos.

Sala del Maggior Consiglio

La **Gran Sala del Consejo** es la sala más espaciosa y grandilocuente del Palazzo Ducale (y también una de las más grandes de toda Europa). Aquí se celebraban las reuniones de Estado más importantes. El trono del dux se encontraba frente al inmenso *Paraíso* de Tintoretto; se cree que es la pintura sobre lienzo más grande del mundo y presenta más de 500 figuras en un remolino celestial. La obra fue encargada tras el incendio de 1577, que destruyó gran parte del edificio. Bajo el artesonado hay un friso de los 66 primeros dux; el que ha sido

UNA PAUSA
Se puede descansar la vista de tanto arte con un almuerzo rápido en **L'Ombra del Leone** (p. 59), en una terraza con vistas al Gran Canal.

VISITAS NOCTURNAS
Los días festivos abre hasta más tarde; hay menos turistas y mejor ambiente. La última entrada es 1 h antes del cierre, pero se necesita esa hora solo para recorrer por el palacio.

sustituido por una cortina negra es Marino Faliero, ejecutado por un intento de golpe de Estado en 1355. El friso continúa en la igualmente fastuosa **Sala dello Scrutinio,** situada al lado.

Segunda planta

Es una pasarela de arte y arquitectura, en la que cada sala parece más impresionante que la anterior. La Scala d'Oro conduce al **Atrio Quadrato;** el hecho de que este mero atrio tenga una obra de Tintoretto en el techo debería preparar para lo que viene a continuación. Las salas están revestidas del suelo al techo con pinturas de Tiziano, Veronese, Tiepolo y Tintoretto. Puede resultar abrumador, así que tal vez sea mejor dejarse llevar por el arte más que por la importancia histórica.

PETE SEAWARD/LONELY PLANET ©

Puente de los Suspiros

Es más bonito desde fuera, por supuesto, pero el **Ponte dei Sospiri** es más envolvente al cruzarlo, mientras se vislumbra San Giorgio Maggiore y el Bacino di San Marco al cruzar del Palazzo Ducale a las Prigioni Nuove (prisiones nuevas), al otro lado del canal. Supuestamente se llama así porque era la última vista de Venecia que tenían los presos. Sigue teniendo un aire claustrofóbico al pasar por sus estrechos pasadizos (está amurallado por la mitad).

Al salir del *palazzo,* hay unas vistas más románticas desde el **Ponte della Paglia,** que conecta el Palazzo Ducale con la Riva degli Schiavoni desde el exterior.

Prigioni Nuove

Cruzar el Puente de los Suspiros para llegar a las **prisiones** puede resultar inquietante. Si el viajero es de temperamento débil, es mejor que se quede en la primera planta y vuelva al puente. Siguiendo adelante, encontrará dos plantas más de celdas y un patio carcelario. Se construyeron a finales del s. XVI para mejorar las condiciones de los presos, pero aun así provocan escalofríos.

Itinerarios secretos

Se podría pasar un día entero en el Palazzo Ducale, empezando por una de estas visitas de 75 min, que comienzan en los **Pozzi** ("pozos", las horribles celdas de las primeras cárceles) y llevan por los **Piombi** (más celdas; aquí estuvo detenido Casanova), la cámara de tortura y la **cámara de los Inquisidores.**

No todo es tan oscuro: también hay archivos, oficinas de la magistratura veneciana y el desván, con sus enormes vigas de madera taladas en los Dolomitas. Se sale por una puerta secreta que conduce a la **Sala del Consiglio dei Dieci** (Sala del Consejo de los Diez), para comenzar el resto de la visita.

AMORTIZAR LA ENTRADA

Las entradas incluyen acceso al **Museo Correr** (p. 48), al **Museo Archeologico Nazionale di Venezia** y a la **Biblioteca Marciana** (p. 48), lo que permite sacarle todo el partido a la entrada.

LAS PAREDES OYEN

En las paredes, lo que parecen gárgolas con ranuras en la boca eran buzones donde los ciudadanos podían denunciar anónimamente a otros, enviándolos directos a las celdas.

★ IMPRESCINDIBLE

Piazza San Marco

Napoleón la llamaba el "salón de Europa". Todavía hoy, lugareños y visitantes acuden a la única *piazza* de Venecia (todas las demás llaman *campi*). San Marco fue el centro de esta ciudad cosmopolita durante siglos, y sigue siendo el corazón palpitante de Venecia.

PLANO: P. 38 **G4**

CONSEJO
Esta es la parte más concurrida de la ciudad; se recomienda ir al Museo Correr a primera hora, hacer una pausa para el café y ver el resto en lo que queda del día.

Escanea este código QR para precios, horarios y demás.

Museo Correr

Una visita a la *piazza* no está completa sin subir a este inmenso **museo,** que ocupa la 1ª planta de dos lados de la plaza. En 2 h, se hace un recorrido por la historia de Venecia, desde los zapatos de plataforma de 50 cm que llevaban las mujeres del s. XV hasta las esculturas de Canova. La contigua **Biblioteca Marciana** es una de las más grandes y antiguas de Italia.

No hay que perderse las **Sale Reali,** las "salas reales" utilizadas por Bonaparte, los Habsburgo y los Saboya tras la caída de la República; se abrieron al público en el 2022.

Gran Caffè Quadri

No se disfruta la *piazza* si no se entra en una de sus cafeterías de época. Por ejemplo, **Quadri,** regentado por los hermanos Alajmo, con una estrella Michelin, un restaurante de alta cocina en la planta de arriba y comida rápida en el bar. Las íntimas salas con frescos son un viaje en el tiempo, pero es más divertido sentarse fuera y disfrutar de la orquesta mientras se observa la plaza y la gente.

Negozio Olivetti

En 1957, el aclamado arquitecto veneciano Carlo Scarpa transformó un estrecho comercio de las Procuratie Vecchie en una reluciente joya de mo-

CORTESÍA DE CAFFÈ QUADRI ©

dernidad: una sala de exposición de máquinas de escribir **Olivetti.** En la actualidad, su espacio diáfano y de líneas puras, con suelo de mosaico color laguna, paredes de cristal y escalera suspendida, es patrimonio de la humanidad. Ideal para descansar de la ampulosa *piazza*.

Campanile
Reconstruido en 1912 tras derrumbarse una década antes, el **campanario** es el edificio más alto de Venecia, con 99 m. Un ascensor lleva hasta arriba para disfrutar de las vistas de la laguna.

Torre dell'Orologio
La plaza merece ser vista desde todos los ángulos, y otro de ellos es la **torre del reloj** de cinco plantas, que lleva dando la hora a los visitantes desde 1506. Las visitas guiadas de 1 h suben por la estrecha escalera hasta el tejado, donde los Do Mori (Dos Moros) hacen los honores tocando la campana.

UNA PAUSA
Si se rodea la plaza por detrás, se llega hasta el paseo marítimo, donde hay bancos bajo bonitas pérgolas en los **Giardini Reali,** creados por Napoleón.

CIRCUITO A PIE

Vistas de San Marco

Uno de los *sestieri* (distritos) más antiguos, San Marco es también uno de los más laberínticos. Mientras que los grandes *palazzi* y *campi* siguen la curva del Gran Canal, al norte de Piazza San Marco hasta Rialto hay estrechas *calli*, históricamente calles comerciales. Entre las actuales tiendas de recuerdos se encuentran algunos de los mejores miradores de Venecia.

INICIO	FINAL	DURACIÓN
Bacino Orseolo	T Fondaco dei Tedeschi	1,1 km; 30 min

1 Observar a los gondoleros

Detrás del lado norte de la Piazza San Marco, lo que parece un pequeño lago es **Bacino Orseolo,** uno de los principales "aparcamientos" para góndolas. Se recomienda ir temprano (sobre las 8.00) para ver a los gondoleros quitando las lonas y preparándose para recibir a los clientes.

2 Una subida romántica

Siguiendo el agua y luego girando a la izquierda y otra vez a la izquierda, las estrechas *calli* conducen a la mágica **Scala Contarini del Bovolo.** Subiendo por la escalera de caracol de esta torre salida de un cuento de hadas, expuesta a los elementos, hay vistas de los tejados y de San Marco.

3 Destellos de modernidad

Del gótico a la modernidad: si se va hacia el norte, se puede echar un vistazo al s. XX. El Campo Manin está dedicado a Daniele Manin, antiguo residente y parte del movimiento del Risorgimento (unificación de Italia), pero está dominado por el **Palazzo Nervi-Scattolin,** que por una vez no es una maravilla del Renacimiento, sino un edificio de 1972 que inspira amor y aversión a partes iguales. Actualmente es un banco.

4 Una instantánea rápida

Se va al noreste hasta el **Ponte del Lovo,** que cruza un pequeño canal. Mirando a la derecha se puede disfrutar de una vista clásica de Venecia: el agua bañando los *palazzi,* las góndolas flotando y el Campanile perforando el cielo.

5 Historia oculta

La **Chiesa di San Salvador,** que a menudo pasa desapercibida entre la multitud que rodea Rialto, merece una parada para contemplar dos obras de Tiziano (incluido el retablo de la *Transfiguración*), así como la solitaria tumba de Caterina Cornaro, la última monarca de Chipre, que se vio obligada a ceder la isla a Venecia en 1489.

6 Tapas

Pausa para disfrutar de unos *cicchetti* (tapas venecianas) en **Bacarando,** en Corte de l'Orso. En el bar de la planta baja se pueden degustar aperitivos originales, como brochetas de calamares y polenta.

7 En la cima del mundo

Después de saciar el apetito, es hora de darse un festín visual. Se va a la terraza de la azotea del **T Fondaco dei Tedeschi** por sus vistas aéreas del Rialto y del Gran Canal.

CIRCUITO A PIE

San Marco musical

Tal vez sea por la tranquilidad de los canales o la cadencia rítmica de las mareas: Venecia siempre ha sido un paraíso para compositores e intérpretes. Monteverdi y Vivaldi estrenaron aquí sus piezas más conocidas, coros celestiales dominaron la ciudad, y Mozart y Wagner estuvieron de visita. Los pies del viajero pueden ser el metrónomo para crear su propia banda sonora veneciana.

INICIO	FINAL	DURACIÓN
Hotel Danieli	Palazzo Pisani	1,2 km; 30 min

1 Café musical

Se empieza con un café en el Bar Dandolo, el precioso local del s. XIV con vistas a la laguna del **Hotel Danieli** (técnicamente en Castello, pero justo al lado del Palazzo Ducale). La diva de la ópera por excelencia, Maria Callas, conoció a Aristóteles Onassis aquí en 1957.

2 Canciones de la 'piazza'

Se va hacia el oeste por Piazza San Marco en temporada alta y se disfruta de una serenata de música en directo en al menos cuatro de los bares históricos, cada uno de los cuales intenta superar a sus vecinos. El más barato es el Gran Caffè Chioggia, pero el verdadero icono es la "orquesta" del **Caffè Florian:** músicos sublimes que tocan clásicos mientras los camareros se mueven con precisión de *ballerina*.

3 Alcanzar las notas más altas

La Fenice es el teatro de la ópera de Venecia, mundialmente famoso, reconstruido tras un incendio en 1996. Las visitas diurnas con audioguía permiten acercarse a los elaborados estucos, los dorados y las figuras sensuales que apuntalan el techo. Con suerte, se asistirá a un ensayo. Se puede comer al lado, en la Taverna La Fenice, un espléndido restaurante de la *belle époque* donde se reunían las divas tras las representaciones.

4 Un órgano pintado

Dando un rodeo por detrás de La Fenice se llega a la bonita **Chiesa di Santa Maria del Giglio,** cuya fachada está tallada con mapas de las conquistas adriáticas de La Serenissima. Lo más interesante es el órgano, del s. XX pero encerrado en una caja dorada del s. XVII. Debajo cuelgan las antiguas puertas del órgano, donde Tintoretto pintó a los cuatro evangelistas.

5 Instrumentos de época

Las *Cuatro estaciones* de Vivaldi emanan de la Chiesa di San Maurizio, del s. XVIII, que ahora es el **Museo della Musica,** gratis, que exhibe 80 instrumentos de cuerda desde el s. XVII. La música la tocan los Interpreti Veneziani, que ofrecen conciertos de música barroca durante todo el año, en la cercana Chiesa di San Vidal.

6 Talento del futuro

Desde el exterior, a menudo se oye a los alumnos del conservatorio de Venecia en el **Palazzo Pisani.** A lo largo del año, las futuras estrellas y los músicos invitados ofrecen conciertos públicos en sus salones dorados.

EXPERIENCIAS

Sentarse con las ninfas en La Fenice
ÓPERA

PLANO: 1 P. 38 D4

En las callejuelas al oeste de la plaza se encuentra la **Ópera de Venecia.** Se ha quemado tres veces desde su inauguración en 1792; cada vez ha resurgido de las llamas como el ave fénix que le da nombre. La última vez fue meticulosamente reconstruida tras su destrucción en 1996.

Durante todo el año (excepto julio y agosto) se celebran representaciones de primer orden. Las entradas son bastante asequibles si se reserva un asiento con visión restringida. Aunque se pierde parte del escenario, se verán las atrevidas ninfas esculpidas que sostienen el techo y los palcos bellamente tallados.

De día, las detalladas visitas con audioguía lo explican todo sobre el edificio (calcúlese 1 h).

Vistas desde T Fondaco dei Tedeschi
MIRADOR

PLANO: 2 P. 38 F1

El puente de Rialto siempre está abarrotado, pero verlo desde arriba es otra historia. La azotea de los grandes almacenes **T Fondaco dei Tedeschi** está en voladizo sobre el puente más bonito de Venecia, con vistas del sinuoso Gran Canal, el perfil de la ciudad y los Dolomitas detrás. Las visitas de 15 min son gratuitas (reserva por internet).

Al subir, se puede admirar este edificio construido como sala de comercio para mercaderes alemanes en 1506, lleno de detalles originales, desde vigas pintadas y una chimenea en la sección de ropa de mujer hasta el vasto atrio columnado. Pero no hace falta comprar; es mejor gastar el dinero en las tiendas locales.

Ver las conquistas de La Serenissima en Santa Maria del Giglio
IGLESIA

PLANO: 3 P. 38 D5

Es más conocida por albergar la única obra de Rubens de Venecia: una exuberante Virgen con el Niño. Pero lo más interesante de la **Chiesa di Santa Maria del Giglio** es su espectacular fachada, con mapas en 3D de las ciudades conquistadas por La Serenissima en el Adriático en el s. XVII, como Zadar y Split, en la actual Croacia, y Corfú.

El exuberante Museo Fortuny
MUSEO

PLANO: 4 P. 38 C3

En 1909, Mariano Fortuny cambió la historia de la moda al presentar su vestido Delphos, su atrevida versión de una toga griega, confeccionada en seda plisada que se ceñía a cada curva. Fortuny y Henriette Negrin (su colaboradora, esposa y musa) vivieron y trabajaron en este vasto *palazzo* del s. XV al oeste del Rialto.

Ahora es un **museo** (se tarda 1 h). Antes tenía un aire gótico y oscuro que reflejaba su estilo. La renovación en el 2022 le ha restado ambiente, pero ha iluminado mejor los magníficos vestidos que producía la pareja, que contribuyeron a la liberación de la mujer.

Subir por la Scala Contarini del Bovolo TORRE

PLANO: 5 P. 38 **E4**

Mientras las multitudes se agolpan para disfrutar de las vistas desde el Campanile de San Marco o el T Fondaco dei Tedeschi, el viajero puede flotar sobre Venecia en esta delicada **torre** en espiral de cuento de hadas.

La Serenissima prohibió a las familias construir sus propias torres y convertir Venecia en un mini Manhattan, pero la familia Contarini ideó astutamente esta escalera de caracol exterior para su *palazzo*, que alcanza los 26 m de altura (por encima de los tejados).

Está cerca de Rialto, pero justo al lado de la calle principal, un lugar ideal para elevarse por encima del caos en el más romántico de los escenarios. Los arcos permiten disfrutar de las vistas a medida que se sube.

Pasar la noche con Vivaldi en los Interpreti Veneziani CONCIERTO

Cerrando los ojos durante un concierto de **Interpreti Veneziani,** se puede retroceder a la época de Vivaldi, cuando el "cura rojo" iluminaba Venecia con su música dramáticamente moderna. Al reabrir los ojos, se contempla la **Chiesa di San Vidal** (PLANO: 6 P. 38 **B5**). Esta iglesia edificada en el s. XI fue remodelada un siglo después, con una elegante fachada barroca añadida en el s. XVII.

El colectivo ofrece conciertos de Vivaldi y música barroca aquí, junto al Ponte dell'Accademia. Son turísticos pero están muy bien.

Arte moderno en el Palazzo Grassi MUSEO

PLANO: 7 P. 38 **A4**

Paseando por viejos *palazzi* venecianos, con el polvo de la historia impregnado en el aire, es difícil

'COM'ERA, DOV'ERA'

Cuando La Fenice se incendió (otra vez) en 1996, se reconstruyó *com'era, dov'era* ("como era y donde estaba"), es decir, un calco de la anterior. Esta es la regla general para la mayoría de los monumentos italianos, pero tiene especial relevancia en Venecia, donde no solo se ha destruido tres veces el teatro de la ópera, sino que uno de los edificios más conocidos de la ciudad fue destruido hace relativamente poco. El Campanile de Piazza San Marco se derrumbó el 14 de julio de 1902, casi se lleva por delante la basílica y se cobró una sola vida: la de un gato. En 1912 ya había sido reconstruido, *com'era, dov'era*.

darse cuenta de lo modernos que eran para su época.

El fastuoso **Palazzo Grassi** refleja a la perfección su *glamour* original en su espectacular atrio, con suelos de mármol vidriado, columnas pulidas y todo un elenco de personajes que observan mientras se sube por la gran escalinata: asistentes al teatro del s. XVIII pintados al fresco en las paredes en trampantojo. Se encuentra frente a Ca' Rezzonico, al otro lado del Gran Canal (ambos fueron diseñados por el mismo arquitecto). Ahora es propiedad de la Colección Pinault y abre sus puertas con exposiciones periódicas, desde arte contemporáneo hasta una exposición reciente sobre los archivos fotográficos de *Vogue*, pero gran parte del atractivo recae en el edificio en sí.

Admirar la Chiesa di Santo Stefano

IGLESIA

PLANO: 8 P. 38 **C4**

Hay que mirar hacia el cielo en esta **iglesia** que domina la enorme plaza del Ponte dell'Accademia. No para buscar un poder superior, sino para apreciar el techo de "quilla de barco"; se diría que un galeón veneciano del Arsenale acabara de volcar.

Hay cuatro obras de Tintoretto escondidas en la sacristía, y más allá, un pequeño **Museo de Arte Sacro** que incluye obras de los escultores Pietro Lombardo y Canova.

En la plaza, en el cruce con la calle del Spezier, hay que buscar las tres huellas circulares en el pavimento: son "cicatrices" de calderos de *teriaca,* una poción "mágica" que los farmacéuticos preparaban hasta el s. XVIII.

Disfrutar de la teatral Chiesa di San Moisè

IGLESIA

PLANO: 9 P. 38 **E5**

En dirección oeste desde la *piazza,* sorprende la extravagante fachada barroca de esta **iglesia** siempre concurrida. Su exterior, que incluye dos extraños camellos, contrasta con un interior más sosegado, donde se encuentra un Tintoretto poco conocido y una obra de Palma il Giovane.

GANAS DE VER IGLESIAS

Santo Stefano y Santa Maria del Giglio forman parte de la colección Chorus de 19 iglesias llenas de arte repartidas por toda la ciudad. Adquiriendo un pase (válido durante 12 meses), se tiene acceso a todas ellas. Es mucho más económico que pagar las entradas por separado. Con el pase, se obtiene un mapa de las iglesias, lo cual permite planificar las visitas. Cabe destacar las de Santa Maria dei Miracoli y Sant'Alvise en Cannaregio, la Chiesa di San Giacomo dall'Orio en Santa Croce y la Chiesa del Santissimo Redentore en Giudecca.

Vivir la ópera en Musica a Palazzo

CONCIERTO

PLANO: 10 P. 38 **C6**

En la Venecia del s. XVIII, la vida era así: suntuosos palacios decorados con frescos, bebida en abundancia y música al gusto. Es posible revivirlo con las **representaciones de ópera** semiprivadas del **Palazzo Barbarigo Minotto,** con escaleras de mármol y paredes de estuco, en el Gran Canal.

Se toma una copa de champán y, en los intermedios, se pasa de unas salas a otras, adornadas con damasco y obras de arte Estas actuaciones íntimas se desplazan por el *palazzo*.

Fotografiar San Marco desde el Ponte del Lovo

FOTOGRAFÍA

PLANO: 11 P. 38 **E2**

A primera vista, este **pequeño puente** sobre el Rio di San Salvador no llama la atención, pero esconde una sorpresa. Mirando a la derecha, se obtiene una vista única en Venecia: un canal surcado por góndolas, con el campanario de Piazza San Marco asomando por detrás. Esta es la única vista del Campanile desde el nivel del suelo en San Marco, aparte de la propia plaza. Vale la pena avanzar entre la multitud, que utiliza el puente como vía de acceso a Rialto.

Buscar tesoros en el Mercatino dell'Antiquariato

ANTIGÜEDADES

PLANO: 12 P. 38 **C5**

Cristal de Murano, telas de Fortuny y montones de obras de arte: desde 1970, el bonito Campo San Maurizio, ubicado entre Campo Santo Stefano y Santa Maria del Giglio, se ha convertido en la **zona de antigüedades de Venecia.** Acoge un mercado que se celebra una vez al mes, de marzo a diciembre (se pueden consultar las fechas en mercatinocamposanmaurizio.it).

Al tratarse de Venecia, no es un mercadillo al uso: aquí se encuentran figuras religiosas talladas, grabados antiguos de la ciudad y preciosos marcos dorados. Ideal para decorar la casa al estilo veneciano.

SUGERENCIAS

Lo mejor para...

€ Económico €€ Medio €€€ Alto

Localizaciones en el plano de la p. 38

Comer

Clásicos

Ristorante Quadri €€€
13 G4
Si a una ubicación inmejorable le añadimos una estrella Michelin, el resultado es esta joya de los hermanos Alajmo. Vistas a Piazza San Marco desde una cafetería de época. *19.00-22.00 mi-do y 12.00-14.30 sa y do*

Club del Doge €€€
14 D6
Rodeado de paredes adamascadas y mobiliario del s. XVIII, el restaurante del Palazzo Gritti se especializa en cocina veneciana de categoría, con pescado procedente de la laguna. Buenas opciones vegetarianas. *12.30-14.30 y 19.00-22.30*

Comida tradicional

Taverna La Fenice €€
15 D4
Es un viaje en el tiempo: poco ha cambiado desde principios del s. XX aparte de sus ventanas de vidrio arremolinado. Hay que probar el *risotto secoe,* con trozos finos de ternera. *12.00-24.00*

Antico Martini €€
16 D5
Un clásico al lado de La Fenice. Desde Charlie Chaplin hasta Gina Lollobrigida se sentaron bajo las paredes con murales para probar el famoso *risotto* del día. *11.30-23.30*

Comida económica

Rosa Salva €
17 F3
Hay dos sucursales de esta veterana *pasticceria* (pastelería) en San Marco: una junto a San Salvador y otra en el laberinto de callejuelas que hay tras la plaza. Buenos *tramezzini* (bocadillos). *8.00-20.00*

Rosticceria Gislon €
18 F2
Tavola calda cerca de Rialto donde se elige la comida de las bandejas humeantes. Los platos más populares son la *mozzarella* frita, los *arancini* y el pescado frito. El restaurante de arriba es más caro. *9.00-21.30*

Ambiente relajado

Trattoria Da Fiore €€
19 B4
Este *bacaro* (bar) junto a Campo Santo Stefano sirve buenos *cicchetti* marineros en la barra. El restaurante ofrece comida más sustanciosa. *11.00-22.30 mi-do*

Osteria Ai Assassini €€
20 D4
Clásicos venecianos y vénetos de productores locales, desde ternera y pato hasta la especialidad veneciana de hígado, además de verduras de Sant'Erasmo. *12.00-14.30 y 19.00-22.00 lu-sa*

Beber

'Bacari' clásicos

Bacarando
21 F1
También conocido como All'Orso, es un pequeño *bacaro* escondido en las callejuelas detrás del Rialto. Tiene excelentes *cicchetti* y un restaurante arriba. *11.30-24.00*

Enoteca al Volto

22 D3

Ombre (vino por copas) y *cicchetti* a tiro de piedra de Rialto desde 1936; también tienen cerveza y *tramezzini* (bocadillos triangulares). *10.00-16.00 y 18.00-22.00*

Bebidas con vistas

Bar Longhi

véase 14 D6

Si el viajero no puede permitirse alojarse en el Palazzo Gritti, puede tomar una copa en su estiloso bar, situado en una plataforma voladiza sobre el Gran Canal. *11.00-1.00*

L'Ombra del Leone

23 F5

Impresionantes vistas del Gran Canal desde este relajado bar-cafetería. *9.00-23.00*

Cócteles

Harry's Bar

24 F5

Maria Callas o Ernest Hemingway pasaron por este local emblemático. El cóctel Bellini (*prosecco* y zumo de melocotón blanco) se inventó aquí en 1948. *11.00-23.00*

Al Campanile

25 G4

Detrás de Piazza San Marco se encuentra esta coctelería de paredes escarlata y propiedad familiar. Una verdadera joya para tomar la última copa. *8.00-1.00 invierno, hasta las 2.00 verano*

Black Jack

26 E3

La barra en forma de herradura es razón suficiente para tomar una copa y unos *cicchetti*. *11.00-21.00 ma-do*

Comprar

Artesanos

Daniela Ghezzo

27 E4

Zapatos a medida, desde elegantes *brogues* hasta zapatos de tacón de fiesta, confeccionados por la propia Daniela. *10.00-13.00 y 15.00-19.00 lu-vi, 10.00-13.00 sa*

Giuliana Longo

28 E2

Cerca de Rialto, Giuliana Longo confecciona sombreros para todas las ocasiones, desde grandes trajes para Carnaval hasta tocados, sombreros de paja para gondoleros y panamás. *10.00-13.00 y 14.00-18.00 lu-sa*

Cristal y botellas

Giobagnara

29 G4

Giorgio Bagnara pertenece a la realeza genovesa del diseño; su tienda de San Marco tiene marcas de primera categoría, desde cristal de Venini hasta sus propias creaciones en cuero. Tiene otra tienda en Santa Maria del Giglio. *10.00-19.30*

Millevini

30 F1

Haciendo honor a su nombre ('1000 vinos'), esta tienda de vinos permite llenar la maleta con las mejores bebidas italianas para el viaje de vuelta. *10.00-13.30 y 15.00-19.40, hasta 19.00 do*

Hecho en Venecia

Ottica Urbani

31 F5

Gafas superelegantes hechas en Venecia. Hay de todo, desde gafas de sol multicolores inspiradas en Murano hasta monturas con forma de góndola (en serio). Elton John es fan. *10.00-19.00 lu-sa, 11.00-18.00 do*

Rubelli

32 B4

Para ese día en que apetece comprar tejidos suntuosos. Esta *showroom* abierta a todo el mundo se encuentra en Ca' Pisani Rubelli, la casa de su fundador. También hay un archivo que puede visitarse previa petición. *9.30-13.00 y 14.00-18.30 lu-vi, 10.30-18.30 sa*

Sugerencias de lugares para comer, beber y comprar en **p. 78**

Explora
Dorsoduro y la Accademia

El bohemio Dorsoduro ha sido durante muchos años epicentro de arte y aprendizaje gracias a las instituciones gemelas de la Accademia y la Universidad Ca' Foscari. Aficionados al arte, pintores, escritores e intelectuales como Peggy Guggenheim, Emilio Vedova, Joseph Brodsky y John Ruskin se sintieron como en casa en esta zona entre el Gran Canal y el canal de la Giudecca. Aunque el esplendor de la época dorada de Ca' Rezzonico y la emblemática cúpula de La Salute son un espectáculo cotidiano, todavía se perciben las raíces obreras de Dorsoduro en los talleres de góndolas de San Trovaso y Tramontin y en los bares de las Zattere.

Cómo desplazarse

'Vaporetto'

Las líneas 1, 2 y N (nocturna) del Grand Canal paran en la Accademia; la línea 1 también para en Ca' Rezzonico y La Salute. Las líneas 5.1, 5.2, 6 y N paran en las Zattere y se dirigen hacia Giudecca o el Lido.

'Traghetto'

Para saltarse el paseo de 15 min de La Salute a Piazza San Marco, se puede tomar el *traghetto* (ferri) que sale de La Salute y llega a la calle Vallaresso, en San Marco. Otro *traghetto* en la calle Lanza cruza hasta Santa Maria del Giglio, cerca del Palazzo Gritti.

Gallerie dell'Accademia (p. 64).

MARK GREEN/ALAMY STOCK PHOTO ©

★ LO MEJOR

Hacer un curso intensivo sobre el Renacimiento veneciano en la **GALLERIE DELL'ACCADEMIA** (p. 64).

Admirar arte moderno en la **PEGGY GUGGENHEIM COLLECTION** (p. 68).

Brindar por la puesta de sol en las **ZATTERE** (p. 74), junto al canal de la Giudecca.

Contemplar arte contemporáneo intrépido en la **PUNTA DELLA DOGANA** (p. 73).

A
B
C
D
1
2
3
4
5
6
C de la Cereria
Fond Minotto
Fond del Gaffaro
Salizada San Pantalon
C del Scaleter
C d Preti Crosera
C San Pantalon
C Crosera
Fond d Forner
Campo S Pantalon
C della Saoneria
C del Campaniel
Rio della Cazziola
Rio dei Tre Ponti
Fond del Passamonte
Fond del Rio Novo
Rio di Santa Maria Maggiore
C Larga Ragusei
Corte Contarini
Fond dei Cereci
Fond Rossa
C Ragusei
Ai Do Draghi
Skillà Bar
C de la Chiesa
Rio di Ca' Foscari
C Larga Foscari
Rio di Santa Margherita
Caffè Rosso
Campo Santa Margherita
C de l'Aseo
C d Saoneri
Campiello dei Squelini
Rio Briati
Fond Foscarini
Osteria alla Bifora
C dei Guardiani
Fond Briati
Rio dei Carmini
Fond Socorso
Scuola Grande dei Carmini
C de le Pazienze
Rio Terà Canal
C de le Botteghe
C Bernardo
Ca' Macana
Ca' Rezzonico
Venice Jazz Club
Fond del Squero
Fond Alberti
Fond Rezzonico
Patricia
Low
Venezia
Fond San Sebastian
Rio di San Barnaba
Fond Gheradini
Campo San Barnaba
C del Traghetto
Ca' Rezzonico
Corte Zappa
C del Lombardo
Rio di San Sebastian
Rio dell'Avogaria
C Lunga San Barnaba
C dei Cerchieri
Rio Malpaga
C de l'Avogaria
Fond de la Toletta
Rio de la Toletta
C Balastro
Fond de la Romite
Chiesa di San Sebastiano
C d Eremite
Fond San Basegio
Sacca de la Toletta
C Corfù
Saliz San Basegio
C de la Chiesa
Fond Bontini
Fond Ognissanti
Rio Terà Ognissanti
DORSODURO
Antigua Stazione Marittima
Campo San Basegio
C dei Cartelotti
Fond di Borgo
La Toletta SpazioEventi
Rio di Ognissanti
Fond Priuli
San Basilio
Fond Bonlini
Campo S Trovaso
Fond Zattere al Ponte Longo
Squero di San Trovaso
Fond Nani
Gelateria Nico
Zattere Ponte Longo
Fond Zattere ai Gesuati
Canale della Giudecca

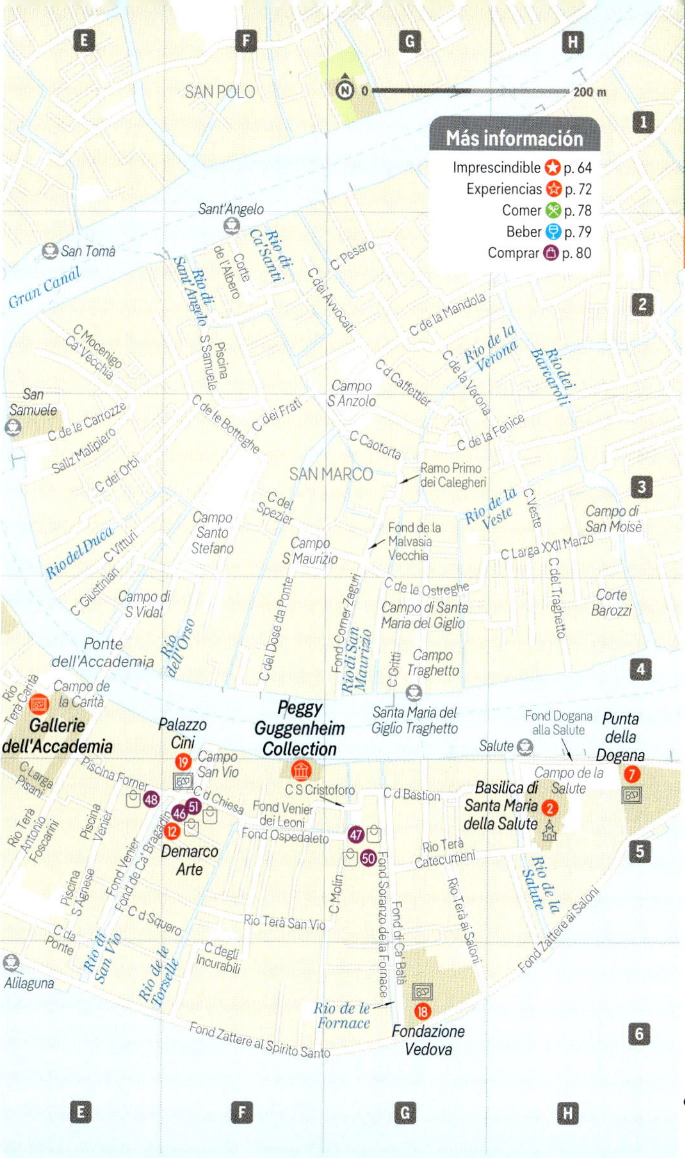
Más información
Imprescindible p. 64
Experiencias p. 72
Comer p. 78
Beber p. 79
Comprar p. 80
0 200 m
SAN POLO
SAN MARCO
Gran Canal
San Tomà
Sant'Angelo
Rio di Ca'Santi
Corte de l'Albero
Rio di Sant'Angelo
C dei Avvocati
C Pesaro
C de la Mandola
Rio de la Verona
Rio dei Barcaroli
C de la Verona
C d Caffettier
C Mocenigo Ca' Vecchia
Piscina S Samuele
San Samuele
C de le Carrozze
Saliz Malipiero
C de le Botteghe
C dei Frati
Campo S Anzolo
C Caotorta
C de la Fenice
C dei Orbi
Ramo Primo dei Calegheri
C del Spezier
Campo Santo Stefano
Campo S Maurizio
Fond de la Malvasia Vecchia
Rio de la Veste
C Veste
Campo di San Moisè
C Larga XXII Marzo
Rio del Duca
C Vitturi
C Giustinian
Campo di S Vidal
C del Dose da Ponte
Fond Corner Zaguri
Rio di San Maurizio
C de le Ostreghe
Campo di Santa Maria del Giglio
C del Traghetto
Corte Barozzi
Ponte dell'Accademia
Rio dell'Orso
C Gritti
Campo Traghetto
Santa Maria del Giglio Traghetto
Rio Terà Carità
Campo de la Carità
Gallerie dell'Accademia
Palazzo Cini
Peggy Guggenheim Collection
Fond Dogana alla Salute
Punta della Dogana
Salute
Campo de la Salute
C Larga Pisani
Piscina Forner
Campo San Vio
C d Chiesa
C S Cristoforo
C d Bastion
Basilica di Santa Maria della Salute
Fond Venier dei Leoni
Fond Ospedaleto
Rio Terà Antonio Foscarini
Piscina Venier
Rio de Ca' Bragadin
Demarco Arte
Rio Terà Catecumeni
Piscina S Agnese
Fond Venier
Fond de Ca' Bragadin
C d Squero
C Molin
Fond Soranzo de la Fornace
Fond di Ca' Balà
Rio Terà ai Saloni
Rio de la Salute
Fond Zattere ai Saloni
Rio Terà San Vio
C da Ponte
Rio di San Vio
Rio de le Torselle
C degli Incurabili
Alilaguna
Rio de le Fornace
Fondazione Vedova
Fond Zattere al Spirito Santo
19
48
46
51
12
47
50
2
7
18
E
F
G
H
1
2
3
4
5
6

★ IMPRESCINDIBLE

Gallerie dell'Accademia

Las 37 salas de esta antigua cofradía contienen obras de todas las estrellas del arte de la ciudad. Es un verdadero tesoro del arte renacentista veneciano. Están ordenadas cronológicamente, y ofrecen una historia sin censura de las intrigas asesinas, la propaganda religiosa y la política desvergonzada que hicieron de Venecia una superpotencia durante siglos.

PLANO: P. 62 **E4**

CONSEJO
Reservar las entradas en línea y descargar un plano. Las colas por la tarde son más cortas, pero la última entrada es 45 min antes del cierre y una visita relajada dura ya 2 h.

Escanea este código QR para precios, horarios y demás.

Sala Capitular

Es fácil quedar deslumbrado por la sobrecarga sensorial de la **sala I,** donde los ángeles revolotean en el magnífico techo dorado de Marco Cozzi, bajo el cual una colección de retablos de oro y témpera de los ss. XIV y XV compiten por atraer las miradas.

Pioneros del Renacimiento

La **sala II** transporta al umbral del Renacimiento con increíbles retablos de Jacopo Bellini, Carpaccio y Conegliano. Destaca la *Virgen con el Niño* de Bellini, pintada durante la peste de Venecia. La proximidad entre él y Conegliano es evidente. La obra *Crucifixión y apoteosis de los diez mil mártires del monte Ararat* de Carpaccio está saturada de rojo.

Nuevas perspectivas

En las **salas III** y **IV** se aprecia la llegada de las influencias toscanas en la expansión espacial de las obras de Vivarini y Mantegna.

El joven Giovanni Bellini integró sin esfuerzo este aprendizaje al reorientar sus lienzos del retrato al paisaje, lo cual permitió una mayor dilatación de sus figuras y una gran sensación de espacio. No hay más que ver su *Pietà* en la **sala V.**

MARK EDWARD HARRIS/GETTY IMAGES ©

Historia de san Marcos

La **sala VI** ofrece un emocionante recorrido visual por la malograda vida de san Marcos en unos lienzos enormes que antaño colgaban en la Scuola Grande di San Marco. San Marcos cura milagrosamente al zapatero Aniano, provoca la conversión de los asombrados egipcios, el sultán ordena su arresto y, finalmente, se produce el sangriento martirio. Lo más dramático es la ardiente representación de Palma il Vecchio de *San Marcos, Jorge y Nicolás salvando a Venecia de los demonios,* que llena la sala con su aire amenazador.

Visiones extraordinarias

Las extrañas y maravillosas visiones de El Bosco se reúnen en la **sala VII.** Aquí solo hay tres trípticos:

UNA PAUSA

Artistas y gente que sale de visitar galerías acuden al **Bar alla Toletta** (p. 79) en busca de *panini* tostados; las visitas vespertinas se completan con unas copas en la **Cantine del Vino già Schiavi** (p. 79).

LA ARQUITECTURA
La Accademia abarca tres edificios unidos: la **Scuola della Carità** (1343), en su día una *scuola grande* (cofradía religiosa); la gótica **Chiesa di Santa Maria della Carità** (1448) de Bartolomeo Bon; y el clásico **Convento dei Canonici Lateranensi** (1530-1542) de Palladio.

Santa Librada, con la barba que le dio Dios para proteger su castidad declarada; *Los santos ermitaños,* con Jerónimo, Antonio y Egidio y toda una colección de extrañas criaturas; y las aclamadas *Cuatro visiones del Más Allá,* impregnadas de magia y misticismo.

El esquivo Giorgione

Solo se conservan seis lienzos de Giorgione, que se encuentra en la **sala VIII.** La Accademia posee dos de los mejores, *La anciana* y *La tempestad.* Las pinturas tienen matices emocionales y su significado es oscuro. En *La tempestad,* un relámpago revela dos figuras en un paisaje expresionista de efecto poético.

La influencia de Giorgione sobre Tiziano es evidente en el delicado lienzo *El arcángel Rafael y Tobías,* que también está aquí.

Un festín visual

En la **sala X** está la obra *Cena en casa de Leví,* de Paolo Veronese, que originalmente se llamó "Última Cena" hasta que los dirigentes de la Inquisición lo condenaron por mostrar a perros, borrachos, musulmanes y alemanes reformistas codeándose con los apóstoles. Se negó a cambiar nada, aparte del título, y Venecia se mantuvo firme en este acto de desafío a Roma. Vale la pena sentarse a contemplar esta escena dinámica.

Tintoretto y Tiziano

En la **sala XI** se llega a los titanes del s. XVI: Tintoretto y Tiziano. El sensacional *San Marcos liberando al esclavo* (1548) de Tintoretto dio a conocer al artista a los 29 años. En una asombrosa composición, un poderoso san Marcos se lanza de cabeza al lienzo para salvar de la tortura a un esclavo cristiano.

La *Pietà* de Tiziano es igual de conmovedora, pero totalmente diferente. En lugar de una humanidad robusta, las formas de Tiziano parecen espectros surgidos de la oscuridad. La pintó en 1576, justo antes de que se lo llevara la peste.

Estampas venecianas

Cerradas por reformas en el momento de escribir esta guía, las **salas XVII-XXII** albergan lienzos de la Scuola Grande di San Giovanni Evangelista que muestran aspectos del paisaje urbano de Venecia anterior al s. XVI. Incluyen el sensacional ciclo de santa Úrsula de Carpaccio **(sala XXI)** y el fantástico *La creación de los animales* de Tintoretto **(sala XXIII).**

Sala dell'Albergo

La Sala dell'Albergo sigue igual que cuando era la sala de juntas de la Scuola della Carità. Las reuniones se celebraban aquí bajo un techo profusamente tallado frente a la *Madonna entronizada con el Niño en el jardín celestial,* de Antonio Vivarini, repleta de santos barbudos. Tiziano cierra el circuito del 1er piso con su conmovedora *Presentación de María.*

Planta baja

Lo más destacado de la colección de la planta baja son las **salas II y XI.** La primera está dedicada al pintor de techos de referencia de la Venecia del s. XVIII, Giambattista Tiepolo. La segunda contiene sorprendentes retratos del gran romántico italiano Francesco Hayez, que se formó en la Academia de Venecia y llegó a ser director de la Academia de Arte de Milán.

Hay que admirar el increíble realismo de *Arístides,* el estadista ateniense, y la fascinante belleza de la violenta *Destrucción del templo de Jerusalén,* una obra que donó a Venecia en agradecimiento por su formación en la ciudad.

LA COLECCIÓN
Napoleón creó la Academia de Bellas Artes en este complejo religioso confiscado en 1807. Pinturas procedentes de la cofradía suprimida, de iglesias secularizadas y de palacios formaron la primera colección, que se utilizó para formar a los estudiantes. A ella se añadieron obras saqueadas y devueltas por el Louvre tras la derrota de Napoleón en 1815, el primer acto de restitución de los tiempos modernos.

★ IMPRESCINDIBLE

Peggy Guggenheim Collection

Tras perder a su padre en el *Titanic,* la heredera judío-estadounidense Peggy Guggenheim se encontró con una fortuna y algo que definía como una verdadera adicción al arte. En 1948 aterrizó en Venecia, donde convirtió su palacio del Gran Canal en una galería con algunas de las obras de arte moderno más importantes del mundo.

PLANO: P. 62 **F5**

CONSEJO
La visita mejora con una audioguía, asistiendo a una presentación diaria gratuita o preguntando a cualquiera que lleve la insignia "Ask Me About the Art" ("Pregúntame por el arte"). Los domingos hay talleres para niños de 4 a 10 años.

Escanea este código QR para precios, horarios y demás.

Colección moderna

Guggenheim fue una de los coleccionistas de arte moderno más influyentes de todos los tiempos. Las 326 pinturas y esculturas recogidas aquí incluyen obras de Kandinsky, Picasso, Miró, Man Ray, Rothko, Mondrian, De Kooning, Duchamp y Dalí, así como de su exmarido Max Ernst y su supuesto amante, Jackson Pollock.

Coleccionaba según sus propias convicciones y defendía la obra de unos 200 artistas de vanguardia; no es exagerado decir que sus elecciones influyeron en el curso del arte del s. xx. En 1951 abrió su casa al público de forma gratuita. Hoy sigue siendo el museo de arte moderno más visitado de Italia.

Vanguardias italianas

Guggenheim fue una enérgica defensora del arte italiano contemporáneo, que había caído en desgracia tras la II Guerra Mundial. Su apoyo permitió revalorizar a Umberto Boccioni, Giorgio Morandi, Giacomo Balla, Giuseppe Capogrossi y Giorgio de Chirico, y ayudó a los venecianos Emilio Vedova y Giuseppe Santomaso. Guggenheim, dejó boquiabiertos a los gondoleros que pasaban por su muelle del Gran Canal con el *Ángel de la ciudad,* de Marino Marini (1948), un desnudo masculino de bronce a caballo visiblemente excitado por las posibilidades que se vislumbran en el horizonte.

KRZYSZTOF DYDYNSKI/LONELY PLANET ©

Expresionismo abstracto

En el 2012, Hannelore y Rudolph Schulhof, miembros del consejo de administración del Guggenheim, donaron más tesoros. Conocieron a Guggenheim en 1954 en la Bienal y congeniaron por su convicción común de coleccionar arte contemporáneo. Su ecléctica colección muestra la diversidad del arte abstracto de posguerra, que redujo el modernismo a sus elementos estéticos más esenciales. Destacan obras de Mark Rothko, Joan Mitchel, Jean Dubuffet, Frank Stella, Cy Twombly y Andy Warhol.

Jardín de esculturas Nasher

Cuando Guggenheim hubo llenado el palacio, siguió con el jardín, añadiendo bronces de Henry Moore, Alberto Giacometti y Constantin Brâncuși, así como intrigantes creaciones en granito de Anish Kapoor y el *Wish Tree* de Yoko Ono. Gracias a una dispensa especial de la ciudad, las cenizas de Guggenheim están enterradas aquí con sus 14 queridos perros *lhasa apso*.

UNA PAUSA
La cafetería del pabellón ofrece un excelente café, almuerzos ligeros (con opciones veganas), té con pastas y *prosecco* con vistas al jardín de esculturas.

CIRCUITO A PIE

Recorrer los callejones de Dorsoduro

Dorsoduro rodea el Gran Canal como la proa doblada de una góndola. Si bien sus grandiosos palacios-museos dan a San Marco por el lado norte, por detrás el barrio se reúne en sociables plazas y en las Zattere. Con sus callejuelas repletas de galerías de arte y *boutiques,* es un lugar encantador para pasear.

INICIO	FINAL	DURACIÓN
Pasticceria Tonolo	Al Chioschetto	3 km; 45 min

1 Pastas divinas

Se empieza el día en **Pasticceria Tonolo,** la mejor pastelería de Venecia. Los cremosos capuchinos se sirven con rapidez mientras los clientes se debaten entre tomar el pastel de manzana o de almendra, unos *fritole* (buñuelos) rellenos de *zabaglione* (crema) o un buñuelo relleno de *mousse* de avellana. Se pide en el mostrador y se paga después.

2 Obras de arte alternativas

Se va hacia el sur hasta la **Chiesa di San Pantalon.** Su sencilla fachada oculta la asombrosa pintura tridimensional del techo, obra de Giovanni Antonio Fumiani, en la que unos ángeles parecen atravesar el tejado para llevar al mártir al cielo. Justo fuera, al cruzar el Rio de Ca' Foscari, se da media vuelta para ver el *Niño migrante* de Banksy.

3 Panorama local

Se da un paseo por Campo Santa Margherita y luego se cruza el Ponte dei Pugni para llegar al encantador Campo San Barnaba. Se echa un vistazo a los cubos de alcachofas de la barcaza que vende verduras desde el canal, se admiran juguetes en **Signor Blum,** se disfruta de un helado de **Grom** y se saca una foto de la iglesia parroquial que aparece en *Indiana Jones y la última cruzada.*

4 Museum Mile

Se sigue al sur y al este al son de la música del Liceo. Se cruza el Ponte de le Maravegie y se rodea la Accademia. A continuación, se recorre la milla de los museos hasta la gótica Chiesa di San Gregorio. Se pasa por la **Bottega Cini** repleta de tesoros, por el taller de vidrio **Marina e Susanna Sent,** por la **tienda Guggenheim,** por la anticuaria **Claudia Canestrelli** y por el lujoso **taller Fortuny.**

5 Iglesia y vistas de la laguna

Se cruza el puente de madera para quedar a la sombra de **La Salute.** Se admira su diseño octogonal, comparado por los estudiosos con un templo grecorromano y los diagramas de la cábala judía. Se suben los 150 escalones hasta la cúpula y se da una vuelta a su alrededor, disfrutando de memorables vistas.

6 Hospital de los incurables

Se vuelve por el canal de la Giudecca y se pasa por la **Accademia di Belle Arti.** Este edificio de aspecto carcelario fue el hospital de los incurables del s. XVI, construido para los enfermos de sífilis, que en su día fue un grave problema en Venecia debido a las 12 000 prostitutas de la ciudad. Venecia destinó fondos públicos en este hospicio. De vez en cuando abre para espectáculos de estudiantes.

7 Una copa al atardecer

Se recorre el último tramo de las Zattere disfrutando de las vistas. Se entra en la **Chiesa dei I Gesuati** para contemplar el luminoso fresco del techo de Tiepolo. Justo antes de llegar a San Basilio, se brinda por la puesta de sol con un *spritz* en **Al Chioschetto.**

EXPERIENCIAS

Relax en Campo Santa Margherita
PLAZA

Este *campo* (plaza) alargado, llamado así por la iglesia desacralizada con su campanario serrado, es como un abanico de cultura veneciana contemporánea. Sicomoros, bancos, fuentes y mesas de cafeterías decoran la plaza

Los lugareños se sientan al sol en **Caffè Rosso** (PLANO: 1 P. 62 **C2**), los curiosos exploran el mercadillo y las gaviotas observan los puestos de pescado bajo la modesta **Scuola dei Varoteri** (escuela de curtidores). Y en las escaleras del monumento conmemorativo de la I Guerra Mundial seguramente habrá alguien leyendo un libro, tal vez de la cercana librería Marco Polo (p. 81).

A mediodía, los estudiantes comen *pizza* en **Pizza al Volo** o helados de la **Gelateria Il Doge.** De vez en cuando hay alguna manifestación (en esta plaza estuvo la sede del Partido Socialista Italiano) y a menudo se ven graduados con coronas de laurel celebrando (la iglesia desacralizada es ahora el auditorio de la universidad). Cuando el reloj marca las 18.00, todo el mundo se reúne para tomar cócteles, cervezas artesanales y litros de *spritz*.

Practicar gratitud en La Salute
BASÍLICA BARROCA

PLANO: 2 P. 62 **H5**

La pandemia de la covid-19 hizo ver con nuevos ojos a la **Basilica di Santa Maria della Salute** (1687), construida tras la peste de 1630-1631 que se llevó por delante a un tercio de la población de Venecia. La iglesia cumple la promesa del Senado de honrar a la Virgen si salvaba a la ciudad. Baldassare Longhena la diseñó como una magnífica corona de mármol, que ahora se alza sostenida por más de un millón de troncos de árbol en la desembocadura del Gran Canal.

Incluso hoy, los venecianos acuden en masa a la **Festa della Madonna della Salute** (21 de noviembre; véase PLANO: 2 P. 62 **H5**) para rezar por la buena salud. Sus puertas se abren de par en par, los puestos venden rosquillas y globos, y los gondoleros llevan sus remos para que sean bendecidos. Se puede visitar gratis a cualquier hora para admirar el impresionante suelo de mármol, las obras maestras de Tiziano y Tintoretto y las vistas desde la cúpula. A las 15.30 en días laborables, las vísperas llenan la cúpula con un sonido de órgano celestial.

Admirar el hedonismo veneciano en Ca' Rezzonico
MUSEO

PLANO: 3 P. 62 **D3**

Ca' Rezzonico, actualmente museo de las artes del s. XVIII, ofrece una clase magistral de la última época de hedonismo de Venecia con su salón de baile dorado, sus tocadores forrados de seda y su sala del trono. Paseando por sus salones se pueden admirar los astutos retratos de sociedad de

Rosalba Carriera y las sátiras sociales de Pietro Longhi, y descubrir cómo este palacio épico pasó de ser propiedad de Filippo Bon (aristócrata y procurador de la ciudad en 1649) a convertirse en una de las primeras casas de alquiler del músico Cole Porter en 1926.

Con todo, no cabe duda de que Venecia renunció con estilo a su estatus de superpotencia mundial. La familia de nuevos ricos Rezzonico, que compró sus títulos nobiliarios y el palacio en 1750, se gastó un dineral encargando la decoración a Giambattista Tiepolo. Sus inversiones lo convierten en el mejor palacio del s. XVIII, una época de diversión desenfrenada.

Admirar arte en la Punta della Dogana

ARTE CONTEMPORÁNEO

PLANO: 7 P. 62 **H5**

Si alguien se pregunta por qué una ciudad medieval como Venecia se ha convertido en una de las capitales más importantes del arte contemporáneo, basta con acercarse a la **Punta della Dogana.** Antaño fue el almacén de las aduanas de la ciudad, diseñado por Giuseppe Benoni en 1677. El edificio reabrió sus puertas en el 2009 para exponer la colección de arte del multimillonario François Pinault.

Es toda una sorpresa entrar y encontrar los interiores industriales minimalistas de Tadao Ando. Suelos de hormigón, vigas de madera y escaleras flotantes conducen al visitante entre esculturas enormes, instalaciones de vídeo y obras de arte sugerentes. Aquí han expuesto artistas como Maurizio Cattelan, Damien Hirst, Subodh Gupta y los hermanos Chapman, y Pinault sigue encargando obras

DE BARES POR EL CAMPO SANTA MARGHERITA

Ai Do Draghi

PLANO: 4 P. 62 **C2**

Permesso! ("¡Permiso!") es la expresión que más se escucha en este veterano bar, donde el público se desborda hacia la acera con copas de vino del Véneto y sabrosos *cicchetti* (tapas venecianas).

Osteria alla Bifora

PLANO: 5 P. 62 **C2**

El personal no es rápido con esa cortadora de carne de color rojo Ferrari, pero aquí uno viene a relajarse. Las lámparas de araña de esta taberna de ladrillo crean un ambiente tranquilo, y los grupos de amigos comparten risas en las mesas comunales.

Skillà Bar

PLANO: 6 P. 62 **C2**

Este bar de copas con luces de neón sirve cócteles y cervezas artesanales a precios asequibles. También hay noches de discoteca silenciosa, sesiones de DJ ocasionales y noches de deportes. Sirven hasta las 2 de la madrugada.

a artistas de todo el mundo en todos los medios imaginables. El museo trabaja en colaboración con el Palazzo Grassi (p. 55) de San Marco, y la fundación organiza una apretada agenda de eventos, talleres y visitas guiadas; más detalles en la web.

Comer helado en la Gelateria Nico — HELADERÍA

PLANO: 8 P. 62 **D5**

En los días soleados, nada mejor que sentarse bajo el toldo azul y blanco de esta heladería. Desde 1937, la **Gelateria Nico** es famosa por sus copas de nata montada y su *gianduiotto* (helado de avellana). Además, ofrece la posibilidad de sentarse en las Zattere, con vistas al canal de la Giudecca.

Al atardecer, los helados artesanales se sustituyen por una coctelería que sirve *spritz* para acompañar la puesta de sol.

Escuchar sopranos en la Scuola Grande dei Carmini — CONCIERTOS CLÁSICOS

PLANO: 9 P. 62 **B3**

Pocas cosas pueden igualar el aura de fantasía que emana de los luminosos frescos de Giambattista Tiepolo en la **Scuola Grande dei Carmini,** pero una de ellas es, sin duda, la voz de Liesl Odenweller y Caterina Chiarcos. Son las sopranos del Venice Music Project, una organización sin ánimo de lucro dedicada a rescatar partituras barrocas de las bibliotecas venecianas y a donar fondos para restaurar las salas donde se interpretan.

El grupo ejecuta con instrumentos de época piezas musicales de 300 años de antigüedad, obras que en su día tal vez inspiraron a Mozart pero que han caído en el olvido.

Antes de que empiece la actuación a las 19.00, se tiene acceso exclusivo a las fastuosas salas de la *scuola*. El celestial techo de Tiepolo de la Sala Capitular se puede admirar durante el concierto.

Un paseo por las Zattere — ORILLA CON VISTAS

Para cuando se han visto todas las calles de Venecia, uno está preparado para correr la **maratón de Venecia** (venicemarathon.it). Se celebra cada año en octubre y es, sin duda, el maratón más pintoresco del mundo. La prueba principal de 42 km empieza en tierra firme (en Stra, cerca de Padua). Luego hay recorridos más cortos, de 21 y 10 km. Todos ellos incluyen el tramo de 2 km de las Zattere, que recorre la orilla del canal de la Giudecca, con rampas sobre todos los puentes.

Si la visita no coincide con el maratón, no pasa nada. Salir a correr al amanecer o al atardecer por aquí es una experiencia memorable, con vistas de las iglesias de Palladio al otro lado del canal. **Cajgo Venezia** vende material y organiza rutas de *running* y marcha nórdica.

Admirar a Veronese en la Chiesa di San Sebastiano IGLESIA PARROQUIAL

PLANO: 13 P. 62 **A4**

Junto con Tiziano y Tintoretto, Paolo Veronese (1528-1588) es la tercera estrella del Renacimiento veneciano. Esta modesta **iglesia** parroquial constituye todo un escaparate de su talento. La modesta fachada no da pistas sobre el interior, donde las pinturas y frescos de Veronese cubren casi cada centímetro cuadrado de las paredes, el techo, la sacristía, el altar e incluso el órgano.

Veronese era famoso por su habilidad para contar historias, y el efecto de trampantojo se combina mágicamente con la arquitectura y la pintura, como si la iglesia estuviera construida alrededor de las pinturas. A destacar el arquero que dispara sus flechas a san Sebastián desde el otro lado de la nave. Es puro teatro, y demuestra la maestría de Veronese en la composición y el espectáculo de la vida veneciana del s. XVI. Su sencilla tumba de mármol se encuentra a la derecha del órgano.

DESCUBRIR EL CIRCUITO DE ARTE CONTEMPORÁNEO

Para conocer mejor la escena contemporánea, se recomienda un recorrido con Venice For.

Patricia Low Venezia

PLANO: 10 P. 62 **D3**

Una nueva galería que exhibe interesantes artistas internacionales. Su año inaugural incluyó exposiciones de Amy Bessone, Philip Colbert y Candida Höfer.

La Toletta SpazioEventi

PLANO: 11 P. 62 **C4**

Un curioso espacio expositivo en el almacén de la librería Toletta donde se expone la obra de fotógrafos emergentes en estanterías industriales.

Demarco Arte

PLANO: 12 P. 62 **F5**

Se fundó como estudio de enmarcación artesanal en 1953. Ahora, además de enmarcar, una nueva generación promueve la obra de artistas venecianos de los ss. XIX y XX.

Un concierto en el Venice Jazz Club CLUB DE JAZZ

PLANO: 14 P. 62 **C3**

El *jazz* está muy vivo en Dorsoduro gracias al **Venice Jazz Club,** donde el cuarteto residente sube al escenario de martes a sábado para ofrecer *jazz* clásico y moderno, *jazz* latino y *bossa nova*. La música empieza a las 21.00, pero a partir de las 19.00 se sirve comida sencilla. También se puede tomar algo en la Osteria ai Pugni (p. 79), al otro lado del canal. El local es pequeño, los intérpretes técnicamente excelentes y los anfitriones hacen que todo el mundo se sienta bienvenido. Las entradas se venden en

TALLER DE GÓNDOLAS DE SAN TROVASO

PLANO: 15 P. 62 **D5**

Cuando llega la hora de una puesta a punto, los *gondolieri* acuden al *squero* (astillero). La cabaña de madera en el Rio di San Trovaso puede parecer un chalé de esquí, pero en realidad es el **Squero di San Trovaso,** uno de los cinco astilleros que quedan en la ciudad.

Desde la orilla opuesta, se ven las góndolas en reparación secándose en el astillero. Son una increíble obra de ingeniería: el casco de 11 m requiere 280 piezas de madera y debe adaptarse al peso del gondolero.

El invierno es la mejor época para ver trabajar a los carpinteros desde la Osteria al Squero.

línea una semana antes e incluyen la primera consumición.

Hacer una máscara en Ca' Macana TALLER DE ARTESANÍA

PLANO: 16 P. 62 **C3**

Viendo las máscaras que asoman en frescos y pinturas de toda la ciudad, cuesta creer que el Carnaval fuera ilegalizado por Napoleón en 1797 y que se prohibiera llevar máscaras. Así siguió hasta 1979, cuando las autoridades municipales tuvieron la inteligente idea de revivir el festival como atracción turística. Para entonces, la tradición de fabricar máscaras casi se había perdido, por lo que Davide Belloni y Antonella Masnata decidieron abrir **Ca' Macana** en 1986 para ayudar a revivir la costumbre.

Además de crear algunas de las máscaras más excepcionales de la ciudad, también imparten amenos cursos de 2½ h en su encantador taller. Se aprende a hacer la clásica *bauta* de papel maché, luego se pinta y se decora con plumas, terciopelo y pan de oro y de plata. A lo largo del curso se explica la historia de las máscaras y la teoría y técnica para comprender el legado de la artesanía. Ideal para toda la familia.

Escapar a la Chiesa di San Nicolò dei Mendicoli IGLESIA ROMÁNICA

PLANO: 17 P. 62 **A3**

Una buena idea para salirse de las rutas más trilladas es adentrarse en el barrio obrero de Dorsoduro y visitar la románica **Chiesa di San Nicolò dei Mendicoli** (San Nicolás de los Mendigos). Fundada en el s. VII, es una de las más antiguas de Venecia.

Nada del exterior prepara para el resplandor dorado del interior. La decoración también es inusual: un iconostasio bizantino separa la nave del presbiterio y está coronado por estatuas de tamaño natural pintadas y doradas (que también bordean la nave). En el centro, un pálido Cristo parece levitar sobre su cruz, mientras que alrededor hay escenas que representan episodios de su vida. Todo está coronado por los paneles del techo, profusamente pintados, con un gran tondo en el centro que muestra a san Nicolás ascendiendo a los cielos.

Celebrar el final de la Vogalonga REGATA

El verano en Venecia es temporada de regatas, y los venecianos se preparan para la gloria y el *prosecco*. Un buen lugar para ver las regatas es la Punta della Dogana, que marca la línea de meta de la competición favorita de la ciudad, la Vogalonga (fin may o ppios jun).

Más que una carrera, es una demostración de resistencia. Recorre 32 km, empieza con casi 2000 embarcaciones frente al Palazzo Ducale, da la vuelta a Burano y Murano y termina con una algarabía de vítores en la entrada del Gran Canal.

También es un buen lugar para ver la Regata Storica en septiembre y la procesión del Gran Canal durante el Carnaval.

Descansar de los frescos en la Fondazione Vedova GALERÍA DE ARTE

PLANO: 18 P. 62 G6

Si el viajero quiere hacer una pausa de tanto fresco esplendoroso, puede visitar la **Fondazione Vedova.**

Esta fundación, legado del iconoclasta artista abstracto veneciano Emilio Vedova (1919-2006), ocupa dos fantásticos espacios adyacentes en las Zattere: los **Magazzini del Sale** (almacenes de sal) del s. XIV y el **Spazio Vedova,** un antiguo cobertizo para botes que Emilio convirtió en su estudio. El primero fue reacondicionado por Renzo Piano, amigo de Vedova y ganador del Premio Pritzker, para exhibir sus enormes lienzos expresionistas, salpicados de contundentes pinceladas amarillas, negras, azules y escarlatas.

Es un buen uso alternativo de estos edificios, dado que el arte ha sustituido a la sal como el bien más preciado de la ciudad. Las exposiciones suelen tener lugar en verano; más información en la web.

Una pausa toscana en el Palazzo Cini CASA MUSEO

PLANO: 19 P. 62 F5

Esta elegante **casa museo** de Campo San Vio fue el hogar de uno de los hombres más ricos de Italia en el s. XX, Vittorio Cini, industrial astuto y el filántropo detrás de la Fondazione Giorgio Cini (p. 143).

La colección es pequeña, refinada y personal, compuesta por obras del Renacimiento toscano y ferrarés que adornan una serie de salones íntimos con alfombras persas, muebles de época y papeles pintados de terciopelo de seda. En la planta superior, las exposiciones temporales destacan obras maestras singulares, como la más reciente, *Cleopatra,* de Artemisia Gentileschi. Solo abre de abril a octubre.

SUGERENCIAS

Lo mejor para...

Localizaciones en el plano de la **p. 62**

€ Económico €€ Medio €€€ Alto

Comer

Sabores refinados

Riviera €€€
20 B5
El antiguo músico de *rock* GP Cremonini fundó este fabuloso restaurante para mostrar los mejores sabores de la laguna de Venecia. El entorno, con vistas al canal de la Giudecca, es igualmente espectacular. *12.00-22.30*

Estro Vino e Cucina €€
21 C1
Bar de vinos, local para beber algo antes de cenar o restaurante degustación. Sus propietarios, Alberto y Dario, sienten pasión por la cocina veneciana contemporánea. *12.30-14.15 y 18.30-22.15 mi-lu*

Enoteca ai Artisti €€€
22 C4
Los platos de la carta, que cambia a diario, pueden incluir *maltagliati* (pasta cortada) de conejo con un toque de curri o carrilleras de ternera con chips de polenta, maridados con un excepcional vino local. *12.45-14.45 y 19.00-21.30 ma-sa*

Adriatica €€€
23 B5
Ir al restaurante del hotel Il Palazzo Experimental es una buena ocasión para vestirse como un personaje de Wes Anderson. Es un espacio divertido con una carta moderna en la que destaca el pescado y marisco del Adriático (anguila, pulpo, rape) y los vinos de pequeña producción. *10.00-22.00*

Clásicos tradicionales

Da Codroma €€
24 A3
El chef Nicola se mantiene fiel a las tradiciones venecianas, sirviendo clásicos como *il saor* (sardinas y gambas curadas) en mesas compartidas junto a un canal. *12.00-15.30 y 18.00-23.30 ma-sa*

La Bitta €€
25 C3
Se especializa en clásicos de carne venecianos y verduras de temporada. La ternera estofada en Amarone se deshace en la boca. Es un buen lugar para probar el *fegato alla Veneziana* (hígado de ternera). *19.00-22.00 lu-vi*

Osteria Ai Do Farai €€
26 D3
Los venecianos abarrotan este restaurante con paneles de madera y piden *antipasti* mixtos, besugo a la parrilla y *scampi e sogliole* (sardinas, gambas y lenguado en adobo). El servicio es pausado. *12.00-14.00 y 19.00-22.30 ma-sa, 19.00-22.00 lu*

Antica Locanda Montin €€€
27 C4
Esta prestigiosa posada ha dado de comer a personajes como Peggy Guggenheim, Joseph Brodsky, Jimmy Carter y David Bowie. Bajo una pérgola cubierta de enredaderas se sirven platos de temporada. *12.30-14.30 y 19.30-22.00 vi-do, 19.30-22.00 mi y ju, cerrado ene-med mar*

Baratos y alegres

Al Profeta €
28 B3
Este popular local sirve buenas *pizzas*, carnes a la parrilla y *bigoli* (pasta integral) con pato. *12.00-14.30 y 18.30-22.30*

Bar alla Toletta €
29 D4
Satisface a la clientela con presupuesto ajustado con una variedad de 30 *panini*, incluidas opciones vegetarianas. Son famosos los *tramezzini* (sándwiches triangulares). *7.00-20.00*

Caco Nero €
30 A3
Entre semana, esta cafetería atrae a estudiantes en busca de café espresso, quiche, *panini* y *spritz*. Los sábados toca *brunch*, con tostadas francesas, *bagels* y huevos revueltos con beicon. *8.00-21.00 lu-vi, hasta 15.00 sa*

La Tecia Vegana €
31 A2
Este restaurante vegano ecológico sirve deliciosos raviolis de *porcini*, *melanzane parmigiana* (berenjena y parmesano al horno) y tiramisú vegano. *12.00-14.30 y 19.00-23.00 ma-sa*

Delicias pasteleras

Pasticceria Tonolo €
32 C1
Esta institución de la ciudad tienta a los venecianos con los pasteles más deliciosos, rosquillas rellenas de crema de Marsala, merengues y cruasanes rebosantes de chocolate y pistacho. *7.30-20.00 ma-sa, hasta 13.00 do*

Dal Nono Colussi €
33 C3
En Venecia todo el mundo conoce Colussi por su *fugassa veneziana* de Pascua, un pan dulce parecido al *pandoro*, además de otras delicias tradicionales. El café es excelente. *8.30-13.00 y 15.00-18.30 ma-sa*

Beber

Bares de vinos para picar

Malvasia all'Adriatico Mar
34 C1
Hay que hacerse un hueco en este acogedor bar y dejar que su propietario (Francesco) guíe a través de los vinos naturales de malvasía, que se maridan con queso, polenta frita y embutidos. *17.00-22.00 lu-ju, 11.00-22.00 vi-do*

Cantine del Vino già Schiavi
35 D4
Parece una tienda de vinos, pero funciona como bar y también sirve estupendos *cicchetti*. Reina el caos, con un ecléctico elenco de lugareños en el interior o fuera, junto al canal. *8.30-20.30 lu-sa*

El Sbarlefo
36 C1
Un bar de vinos discreto con una banda sonora sofisticada, *cicchetti* de alta calidad y música en directo los fines de semana. Buena selección de licores. *11.00-24.00*

Osteria ai Pugni
37 C3
Hay más de 50 vinos por copas en este bar abarrotado, decorado con lámparas en botellas magnum y mesas con cajas de vino. De picar hay como *polpette* (albóndigas). *8.00-23.00*

Ai Artisti
38 C3
Los estudiantes de arte abarrotan este bar-cafetería. Lleva sirviendo *spritz*, licores y *aperitivos* a precios asequibles desde 1897, y conserva un ambiente local. *8.00-22.30*

Maestros cocteleros

Il Palazzo Experimental

véase 23 B5

La última apuesta del Experimental Cocktail Club en la antigua Compañía Naval del Adriático. Se elige entre sabores como "verde, esponjoso" o "amargo, intenso". *10.00-22.00*

Chet Bar

39 C2

Con sus baldosas de ajedrez y su decoración de la época de la Prohibición, esta coctelería es uno de los protagonistas de Campo Santa Margherita. No hay que perderse las sesiones de DJ y las noches promocionales. *18.00-2.00*

Café Noir

40 D1

Rústico y bohemio, sin llegar a ser un antro. Este bar de vigas oscuras ofrece una larga carta de cócteles, Guinness de barril y vino por copas. Frecuentado por estudiantes. *12.00-2.00 lu-vi, desde 19.00 sa y do*

Bares democráticos

Al Chioschetto

41 C5

Este quiosco con vistas al canal de la Giudecca es ideal para tomar el *aperitivo* y unos bocadillitos. Los miércoles y sábados de verano hay música en directo. *8.30-2.00 mar-oct, 9.00-17.00 nov-feb*

Vacaria Pub

42 A2

Pub-cervecería con vistas a una plaza y a una intersección de canales. Hay nueve cervezas artesanales de barril y hamburguesas en la carta. Buena relación calidad-precio, buena música y buen ambiente. *8.30-24.00 mi-lu, 17.00-22.00 ma*

Comprar

Moda y accesorios

Solo Se

43 D4

Los venecianos más estilosos recurren a la colección de marcas italianas asequibles y poco conocidas de Solo Se. El personal tiene buen ojo. *10.00-19.30*

Il Grifone

44 B1

Todos los cinturones, bolsos y carteras de vivos colores del escaparate se fabrican aquí mismo, con cuero curtido tradicional de la Toscana. Para comprar un bolso que dure toda la vida. *10.00-18.00 ma-sa*

La Casa di Loto

45 D2

La sensibilidad cromática única de los venecianos se exhibe con creces en la cueva del tesoro de Diana Frasson: tejidos hechos a mano en lana, cachemira y algodones sedosos. *10.30-19.30 lu-sa*

Recuerdos memorables

Cornici Trevisanello

46 F5

Silvia trabaja en la tienda de marcos de su padre, creando marcos decorados con varillas de cristal de Murano, perlas y pan de oro. Son únicos. *9.00-12.30 y 15.30-19.00 lu-vi, 9.00-12.30 sa*

Claudia Canestrelli

47 G5

Litografías coloreadas de peces de laguna, pendientes y gemelos antiguos reutilizados y pisapapeles de latón con el león de San Marco son algunos de los *souvenirs* de esta tienda. *11.00-15.30 vi y sa, hasta 13.00 do; otros horarios con cita previa*

Bottega Cini

48 E5

Elegante *concept store* cerca del Guggenheim que exhibe perfumes Merchant of Venice, joyas de cuentas de Marisa Convento, cristalería de Nason Moretti y divertidas velas artísticas y joyas de Michela Bortolozzi. *10.00-13.00 y 14.00-19.00 ju-lu*

Signor Blum

49 C3

Niños y adultos por igual adoran los nostálgicos puzles de madera hechos a mano del puente de Rialto, mientras que los móviles dignos de Calder hechos con proas de góndola talladas quedarían igual de bien en un vestíbulo elegante que en una guardería. *10.00-13.00 y 15.00-19.00*

Le Fórcole de Saverio Pastor

50 G5

En este estudio cubierto de serrín, Saverio Pastor talla a mano las *fórcole* (horquillas de madera para góndolas), que pegan tanto en góndolas como en repisas de chimenea. *8.00-18.00 lu-vi*

Maestros cristaleros

Marina e Susanna Sent

51 F5

Desafiando creencias centenarias según las cuales las mujeres no pueden manipular vidrio fundido, las joyas minimalistas de las hermanas Sent se exhiben en tiendas de museos de todo el mundo. *10.00-18.30 mi-lu*

Micheluzzi Glass

52 D4

Massimo Micheluzzi fue un gran maestro de Murano, conocido por su cristalería *battuto* (batida). Ahora sus hijas continúan su obra y ofrecen singulares artículos para el hogar. *10.00-13.00 y 15.00-18.30 lu-vi, 10.00-13.00 sa*

Laguna B

53 D2

Artístico *showroom* especializado en *goti*, vasos tradicionales fabricados por sopladores con restos de vidrio. Cada uno es un objeto de arte único. *10.00-19.00 mi-lu*

PerlaMadreDesign

54 C3

A la apuliesa Patrizia Iacovazzi se la encuentra a menudo transformando vidrio en llamativas joyas mediante el modelado con soplete. *10.00-13.00 y 15.30-18.00 lu-sa*

Librerías y arte de papel

Small Caps

55 B3

Este estudio fundado por dos licenciados de diseño gráfico vende pósteres e ilustraciones originales. Se imprimen a mano en pequeñas tiradas y ofrecen sutiles comentarios sobre la ciudad. *10.00-13.00 y 15.00-18.00 lu-sa*

Paolo Olbi

56 D2

Para esos pensamientos que vale la pena plasmar en papel, ahí están los cuadernos, álbumes y artículos de papelería de Paolo Olbi, entre cuyos admiradores figuran actores de Hollywood y políticos. Los originales de Olbi están hechos a mano con papel de alto gramaje y exquisitas encuadernaciones en cuero. *10.30-12.30 y 15.30-19.30 mar-dic, 15.30-19.30 ene-feb*

Libreria La Toletta

57 D4

Tanto si el viajero busca una novela policíaca de Donna Leon ambientada en Venecia como un voluminoso tomo sobre historia o arte venecianos, esta gran librería (la más antigua de Venecia) cuenta con una gran variedad de títulos. *9.30-19.30 lu-sa, 10.30-18.30 do*

Libreria Marco Polo

58 B3

El propietario Claudio y su equipo guían en la búsqueda de libros sobre Venecia, temas ecológicos y política contemporánea. Suelen hacer lecturas los viernes. *10.00-13.30 y 14.30-20.00 lu-sa, hasta las 19.00 do*

Sugerencias de lugares para comer, beber y comprar en **p. 102**

Explora
San Polo y Santa Croce

Para descubrir cómo vive Venecia cuando no está ocupada con sus diversiones, nada mejor que una visita a Santa Croce. Este barrio compacto, de callejuelas sinuosas, está lleno de talleres de artesanos, restaurantes locales y plazas iluminadas por el sol con niños montados en patinete. Solo hay un par de museos extravagantes, por lo que es un lugar para relajarse entre vecinos, visitar bares y charlar con los artesanos en sus estudios. Hacia el este o el sur, el escenario cambia: San Polo, con productos de la laguna en el mercado de Rialto, tiendas en la Ruga Vecchia y obras maestras en la basílica de I Frari y la Scuola Grande di San Rocco. Tanto si se prefiere disfrutar de los bares del mercado o admirar la *Asunción* de Tiziano, ambas cosas son un regalo del cielo.

Cómo desplazarse

Autobús y 'vaporetto'
Todos los servicios de autobús desde tierra firme terminan en Piazzale Roma, en Santa Croce, incluido el servicio de enlace con el aeropuerto. Se continúa el viaje en *vaporetti*.

'Vaporetto'
Hay seis embarcaderos en el Gran Canal que dan acceso a estos dos barrios. La 1 para en todas; la línea 2, más rápida, solo en Piazzale Roma y San Tomà.

'Traghetto'
Las góndolas van y vienen por el Gran Canal en dos puntos de cruce: Rialto Mercato (para ir a Cannaregio) y San Tomà (para ir a San Marco).

I Frari (p. 92).
SNDR/ISTOCK ©

★ LO MEJOR

Asombrarse ante la resplandeciente Virgen de Tiziano en el ábside de **I FRARI** (p. 92).

Abrir el apetito viendo delicias de mar y montaña en el **MERCADO DE RIALTO** (p. 89).

Degustar vinos regionales bajo el sol de **CAMPO SAN GIACOMO DALL'ORIO** (p. 101).

Admirar el homenaje de Tintoretto a San Roque en la **SCUOLA GRANDE DI SAN ROCCO** (p. 86).

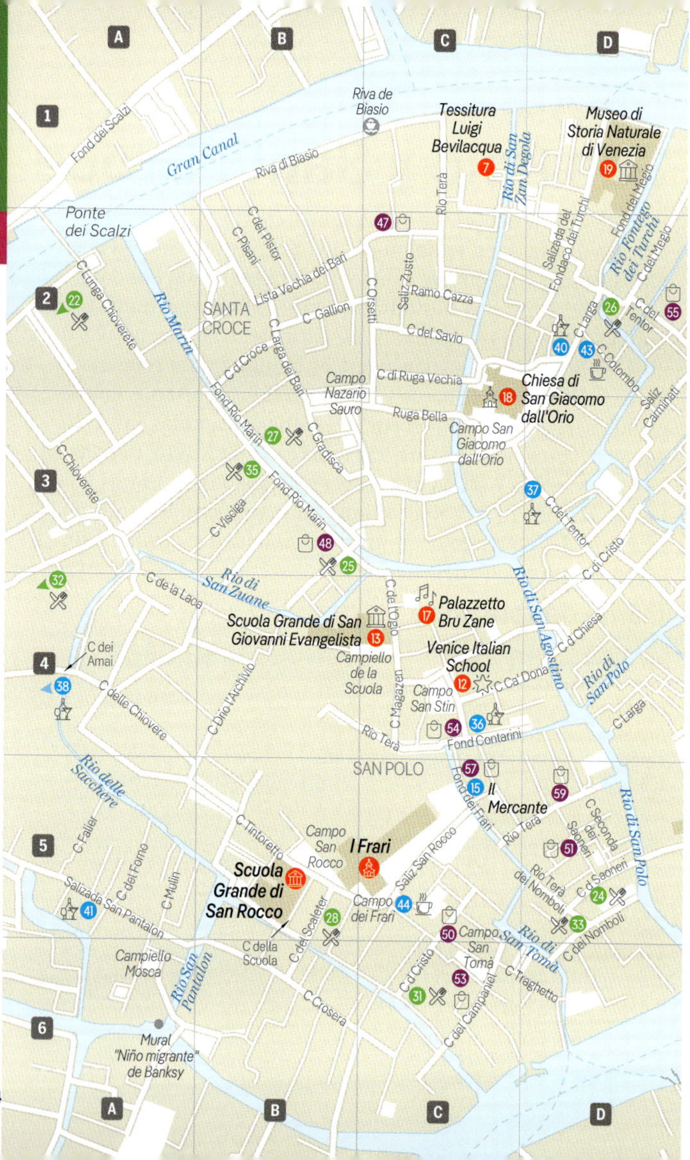
A
B
C
D
1
2
3
4
5
6
Gran Canal
Riva de Biasio
Riva di Biasio
Fond dei Scalzi
Ponte dei Scalzi
Tessitura Luigi Bevilacqua
7
Museo di Storia Naturale di Venezia
19
Rio di San Zan Degola
Rio Terà
Salizada del Fondaco dei Turchi
Fond del Megio
Rio Fontego dei Turchi
C del Megio
47
C dei Pistor
C Pisani
Lista Vechia dei Bari
C Lunga Chioverete
22
SANTA CROCE
Rio Marin
C Gallion
C Orsetti
Saliz Zusto
Ramo Cazza
C Larga
26
C del Tentor
55
C d Croce
C Larga dei Bari
C del Savio
40
43
C Colombo
Campo Nazario Sauro
C di Ruga Vechia
Chiesa di San Giacomo dall'Orio
18
Saliz Caminati
Fond Rio Marin
Ruga Bella
Campo San Giacomo dall'Orio
27
C Gradisca
C Chioverete
35
Fond Rio Marin
37
C del Tentor
C Visciga
48
25
C di Cristo
32
C de la Laca
Rio di San Zuane
Palazzetto Bru Zane
17
C de l'Ogio
Rio di San Agostino
Scuola Grande di San Giovanni Evangelista
13
C d Chiesa
C dei Amai
Campiello de la Scuola
Venice Italian School
12
C Ca' Dona
Rio di San Polo
38
C delle Chiovere
C Drio l'Archivio
Campo San Stin
C Magazen
Rio Terà
54
36
Fond Contarini
C Larga
Rio delle Sacchere
SAN POLO
57
15
Il Mercante
59
Fond dei Frari
Rio Terà
C Seconda dei Saoneri
Rio di San Polo
C Falier
C Tintoretto
Campo San Rocco
I Frari
51
Saliz San Rocco
C del Forno
C Mulin
Scuola Grande di San Rocco
Rio Terà dei Nomboli
C d Saoneri
24
Salizada San Pantalon
41
C dei Scaleter
28
Campo dei Frari
44
33
50
Campo San Tomà
Rio di San Tomà
C dei Nomboli
Campiello Mosca
C della Scuola
Rio San Pantalon
C d Cristo
53
C Traghetto
31
C del Campaniel
C Crosera
Mural "Niño migrante" de Banksy

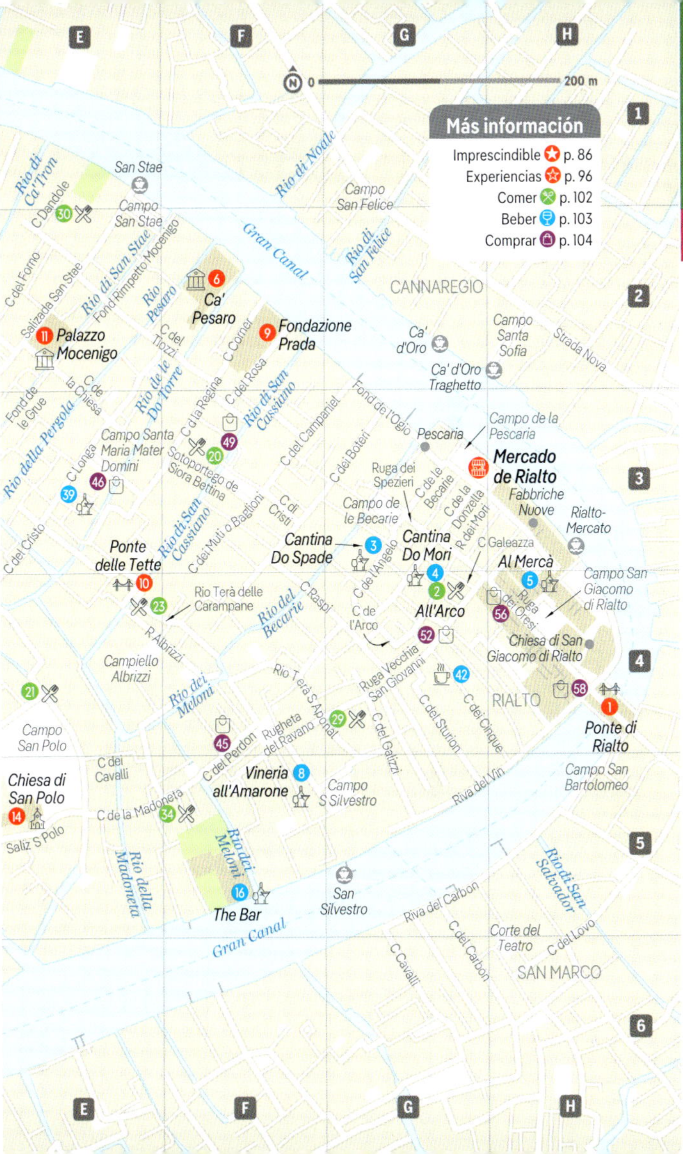
E
F
G
H
0
200 m
Más información
Imprescindible p. 86
Experiencias p. 96
Comer p. 102
Beber p. 103
Comprar p. 104
1
2
3
4
5
6
Rio di Ca' Tron
C Dandole
San Stae
Campo San Stae
Rio di Noale
Campo San Felice
Gran Canal
Rio di San Felice
C del Forno
Salizada San Stae
Rio di San Stae
Fond Rimpetto Mocenigo
Rio Pesaro
Ca' Pesaro
Fondazione Prada
CANNAREGIO
Campo Santa Sofia
Strada Nova
Palazzo Mocenigo
C del Tiozzi
C Corner
Ca' d'Oro
Ca' d'Oro Traghetto
Fond de le Grue
C de la Chiesa
Rio de le Do Torre
C d la Regina
C del Rosa
Rio di San Cassiano
C del Campaniel
Fond de l'Ogio
Campo de la Pescaria
Pescaria
Rio della Pergola
Campo Santa Maria Mater Domini
Sotoportego de Siora Bettina
C dei Boteri
Ruga dei Spezieri
C de le Becarie
Mercado de Rialto
C Longa
C di Cristi
Campo de le Becarie
C de la Donzella
R dei Mori
Fabbriche Nuove
Rialto-Mercato
C dei Muti o Baglioni
Rio di San Cassiano
Cantina Do Spade
Cantina Do Mori
C Galeazza
Al Mercà
C del Cristo
Ponte delle Tette
C de l'Angelo
Campo San Giacomo di Rialto
Rio Terà delle Carampane
Rio del Becarie
C Raspi
C de l'Arco
All'Arco
Ruga dei Oresi
Chiesa di San Giacomo di Rialto
R Albrizzi
Campiello Albrizzi
Rio dei Meloni
Rio Terà S Aponal
Ruga Vecchia San Giovanni
C del Sturion
C dei Cinque
RIALTO
Ponte di Rialto
Campo San Polo
Rugheta del Ravano
C del Galizzi
Chiesa di San Polo
C dei Cavalli
C del Perdon
Vineria all'Amarone
Campo S Silvestro
Riva del Vin
Campo San Bartolomeo
C de la Madoneta
Saliz S Polo
Rio della Madoneta
Rio dei Meloni
San Silvestro
Rio di San Salvador
The Bar
Riva del Carbon
Gran Canal
C del Carbon
Corte del Teatro
C del Lovo
C Cavalli
SAN MARCO
1
2
3
4
5
6
8
9
10
11
14
16
20
21
23
29
30
34
39
42
45
46
49
52
56
58

★ IMPRESCINDIBLE

Scuola Grande di San Rocco

Esta sede de una cofradía del s. XVI está considerada la Capilla Sixtina de Venecia gracias al extraordinario ciclo pictórico creado en ella por Tintoretto, dedicado a san Roque, salvador de las víctimas de la peste. Sus escenas bíblicas se leen como una apasionante novela gráfica y capturan el drama de los últimos días de Jesús y la peste negra.

PLANO: P. 84 **B5**

CONSEJO
Hace falta medio día para ver las increíbles obras de arte. En la entrada hay que hacerse con un folleto explicativo o una audioguía, y también con un espejo, para no forzar el cuello al contemplar los techos.

Escanea este código QR para precios, horarios y demás.

Sala Terrena

Aunque pintadas en último lugar (entre 1581 y 1588), las pinturas de Tintoretto de la planta baja sirven de presentación para el esquema del Nuevo y Antiguo Testamento y el ciclo de la Pasión del piso superior. Representan los primeros años de vida de Cristo (por ejemplo, la *Adoración de los Reyes Magos* y la *Huida a Egipto*) y se adaptan hábilmente a la arquitectura.

En la *Anunciación*, Gabriel entra en la habitación de María pasando ante una columna romana en ruinas, reflejo de una de la sala; las baldosas rojas y blancas del suelo también coinciden con las de la propia Sala Terrena. El dinamismo de esta escena contrasta con la serena *Anunciación* de Tiziano en el rellano de la escalera monumental.

Escalera de Scarpignano

Subir por esta épica escalera de piedra es como recorrer un círculo del infierno, gracias a la representación de *La Virgen aparece ante las víctimas de la peste* (1666) de Antonio Zanchi. Sus gigantescas figuras dominan la pared en horripilantes escenas de la peste de 1630-1631. Los cadáveres de una mujer y un niño cubiertos de llagas bubosas sobresalen de la penumbra, sobre los que se alza un fornido *pizzigamorto* (recolector de cadáveres)

PAOLO DE FAVERI/ALAMY STOCK PHOTO ©

dispuesto a llevarlos a una fosa común. Los cadáveres se amontonan detrás de ellos, creando una atmósfera de pestilencia en el reducido espacio.

Venecia perdió el 33% de su población en esta pandemia, y estas evocadoras pinturas atestiguan el culto que dedicó la ciudad a san Roque tras la plaga.

Sala Capitolare

Al llegar a la **Sala Capitular,** más de uno sentirá un poderoso instinto de agacharse bajo las escenas del techo del Antiguo Testamento: Moisés haciendo brotar agua de una roca y maná lloviendo del cielo. Los 21 paneles que cubren la cubierta transmiten mensajes de curación y caridad divina, la misión principal de la cofradía. A destacar la *Serpiente de bronce,* con su columna de israelitas muertos y moribundos cayendo hacia la tierra.

UNA PAUSA

Visitar la *scuola* es una experiencia intensa. Se puede ir antes a comer unos *panini* (bocadillos) *gourmet* en el **Bar Ai Nomboli** (p. 103), o bien después terminar con un cóctel en **Il Mercante** (p. 100).

ADELANTARSE A LA COMPETENCIA
Todos querían el encargo de san Roque. Tintoretto, hijo de un humilde tintorero, no era el favorito. Para vencer a la considerable competencia, necesitaba hacer algo excepcional. Así que, en lugar de trazar bocetos, pintó un lienzo de san Roque y lo colocó en el techo de la sala de juntas. Cuando lo regañaron, anunció que era una donación, sabiendo que la cofradía no podría negarse.

Alrededor del perímetro, las historias del Nuevo Testamento se leen como una novela gráfica. La humanidad de Cristo brilla especialmente en la *Oración en el huerto de Getsemaní,* una obra con la que Tintoretto plantó la semilla del expresionismo moderno. El *Cristo con la cruz a cuestas* de Giorgione, colocado sobre un caballete, es la obra de arte más valiosa de la escuela, una imagen milagrosa cuya fama en el s. XVI permitió recaudar las donaciones que financiaron la construcción del edificio.

Sala dell'Albergo

Las historias de la Sala Capitular concluyen en la Sala dell'Albergo con la inmensa *Crucifixión* (1565) de Tintoretto, que el artista John Ruskin describió como "más allá de todo análisis y por encima de toda alabanza".

Es característico de Tintoretto: gigantesco, pintado ferozmente y alucinante en su capacidad para combinar el más allá con la vida cotidiana. La divinidad de Cristo brilla como un faro sobre una multitud de espectadores que representan a venecianos (Girolamo Rota, el principal funcionario de la *scuola,* monta el caballo blanco), sugiriendo que el oscuro mundo en el que habitan se extiende hasta el presente. Es una clase magistral de naturalismo, composición espacial y claroscuro exacerbado, rasgos estilísticos que han influido en artistas como Velázquez, Rembrandt, El Greco, Manet, Pollock o Anselm Keifer.

Chiesa di San Rocco

Después de recorrer la *scuola,* puede que haga falta un momento para recuperar la sensibilidad de los nervios oculares en el interior de la iglesia. Aquí hay un par de obras más tranquilas de Tintoretto, como *San Roque curando a los animales.* La iglesia fue construida por Bartolomeo Bon entre 1489 y 1508 y las reliquias de san Roque descansan aquí, en un ataúd sobre el altar.

★ IMPRESCINDIBLE

Rialto

Rialto es algo más que el puente y el mercado: es una red de calles y plazas llenas de vida que surgieron en las islas Realtinas, donde nació Venecia. Explorarlo permite conectar con la ciudad viva e histórica en una vorágine diaria de gente.

Campo San Giacomo di Rialto

PLANO: P. 84 **G3**

Al salir del **Ponte di Rialto** y entrar en San Polo, se llega a **Ruga degli Orefici** (calle de los Orfebres). Tras los puestos de *souvenirs,* los pórticos con frescos dan sombra a elegantes tiendas que en su día albergaban a joyeros, comerciantes de piedras preciosas y pañeros que vendían valiosos tejidos de China y Persia.

A la derecha se abre un pequeño *campo* (plaza), antaño poblado por los banqueros sentados en mesas de caballete que financiaban todo este espectáculo. La modesta iglesia de la plaza, **San Giacometto,** es una de las más antiguas de Venecia. Cuenta la leyenda que la República se inició aquí el 25 de marzo del 421, cuando se consagró la iglesia, pero la estructura actual data del 1097.

En el exterior del ábside, una inscripción exhorta a los mercaderes a ser honrados en su comercio. Los que no lo eran podían verse obligados a correr desnudos desde San Marco hasta la estatua de **Il Gobbo** (el Jorobado), agazapado frente a la iglesia. Desde aquí, los funcionarios de la ciudad anunciaban las noticias internacionales sobre conflictos y precios: una versión primitiva de la bolsa de valores.

CONSEJO

El mercado de pescado cierra el domingo y el lunes; el de verduras solo cierra el domingo. Los días de mayor afluencia son el martes y el viernes. Los productos locales llevan la etiqueta "Nostrana".

Escanea este código QR para saber más sobre el Progetto Rialto (solo en italiano).

SILVERFOX999/SHUTTERSTOCK ©

UN 'APERITIVO' RÁPIDO
El diminuto **Al Mercà** (p. 96) es el *bacaro* (bar) más popular del mercado para tomar el *aperitivo.*

Fabbriche Nuove

Pasando por debajo de los soportales de Campo San Giacomo, se encuentra un soleado trapecio junto al Gran Canal. Detrás hay dos restaurantes elegantes: **Naranzaria** (llamado así por los comerciantes de naranjas) y **Bancogiro,** ubicado en uno de los primeros bancos públicos de la ciudad. Ambos tienen mesas al aire libre para contemplar los barcos del Gran Canal.

Al lado se encuentra la impresionante **Fabbriche Nuove,** de 88 m de longitud, construida a mediados del s. XVI por Sansovino para dar al mercado un aspecto más decoroso de cara al agua. Albergaba a los magistrados de Rialto, que se encargaban de aduanas y aranceles y eran asediados regularmente por plagas de ratas del mercado.

Erbaria (mercado de verduras)

Se recorren las Fabbriche Nuove hasta **Erbaria,** el epicentro del mercado, donde los barcos de carga descargan sus mercancías. Es un lugar ideal para conocer las especialidades de verduras del Véneto, que parecen llegadas de otro planeta. Hay *castraure* de Sant'Erasmo (brotes de alcachofa) de un intenso color violeta, espárragos blancos de Bassano que parecen haber brotado en la luna, y achicorias rosas con volantes cual flores marcianas mutantes.

Se recomienda buscar a los hermanos Moro: llevan más de 40 años vendiendo verduras aquí y siempre consiguen los mejores productos.

Pescaria (mercado de pescado)

Al lado está el **mercado de pescado** neogótico de Rialto, que se llena de la pesca de la laguna a partir de las 6.30, una tradición que se remonta al año 1097. Aquí los pescaderos se enfrentan a las gaviotas y a los exigentes clientes venecianos que acuden temprano (a las 8 de la mañana, si se puede) para examinar el preciado botín.

Es el momento de admirar las *seppie* (sepias), sorprenderse con el precio por kilo del *moeche* (cangrejo de caparazón blando) y contemplar las montañas de rollizas caballas y sardinas azuladas. Aquí el visitante podrá conocer a los habitantes más extraños de las cartas venecianas, como las *canocchie* (langostas mantis), los centollos de aspecto prehistórico, las minúsculas *schie* (gambas de laguna) y los *moscardini* (pulpitos). A destacar también las grotescas cabezas de pez de los capiteles de las columnas y la placa de mármol de 1173 que detalla los tamaños mínimos permitidos para los peces de la laguna.

Al mediodía, el espectáculo ha terminado y todo el mundo se dirige al bar más cercano, **I Compari,** especializado en pulpo cocido.

PROYECTO RIALTO

Dada la disminución del número de habitantes de la ciudad, el mercado milenario de Venecia está en peligro. El Progetto Rialto pretende revivir su fortuna transformando la última planta del mercado y las Fabbriche Nuove en espacios para eventos. Como visitante, se puede contribuir comprando algunos productos y frecuentando los bares del mercado.

★ IMPRESCINDIBLE

I Frari

Es famoso el retablo de Tiziano de I Frari. Pero esta basílica gótica del s. XIV es un logro imponente en sí misma, con un campanario que rasca el cielo, una intrincada sillería de marquetería en el coro y una sucesión de obras maestras en sus altos muros de ladrillo.

PLANO: P. 84 **C5**

CONSEJO
En la entrada hay folletos con el plano de la iglesia y una audioguía en seis idiomas. Es necesario vestir adecuadamente para entrar.

Escanea este código QR para precios, horarios y demás.

Virgen de la Asunción

Si el viajero solo va a ver una obra de arte en Venecia, que sea la *Asunción* de Tiziano (1518). El pintor renacentista más importante de Venecia completó más de 600 obras, pero su Virgen saltando hacia el cielo arremolinada en su vestido bermellón es, sin duda, su obra más inspirada.

Se ve nada más cruzar la puerta: una luz roja resplandeciente que atrae hacia el ábside. Al admirarla, más de uno se sorprenderá señalando los pies de la Virgen como los propios apóstoles. Este increíble despliegue de movimiento y color consolidó a Tiziano como rival de Miguel Ángel y Rafael.

Otras obras maestras

Es difícil mantener el nivel, pero en I Frari hay otras obras maestras. Otro Tiziano, en el cuarto altar de la izquierda, es el onírico retrato familiar *Conversación sagrada con el donante Pesaro* (1526). También está el minúsculo puzle de marquetería de la sillería del coro y una *Virgen con el Niño* de Giovanni Bellini en la sacristía. El primer retrato de un dux, pintado en 1339 por Paolo Veneziano, se encuentra en la Sala del Capitolo.

Por último, en el rincón de la capilla está la tabla dorada de *San Marco entronizado*, de Bartolomeo Vivarini.

ISOGOOD_PATRICK/SHUTTERSTOCK ©

Tumbas monumentales

En la nave hay 17 altares y tumbas, muchos de ellos dedicados a los dux. No hay que perderse el **arco** triunfal de Baldassare Longhena para el dux Pesaro. Lo sostienen en alto cuatro gigantes negros que comunican el sometimiento de los otomanos esclavizados durante la Guerra de Candia (Creta).

Tiziano está enterrado en el segundo **altar** de la derecha, frente a una pirámide de mármol de aspecto moderno. Esta fue diseñada por Antonio Canova y pensada para Tiziano, pero el esotérico diseño masónico fue rechazado. La construyeron en 1822 los alumnos de Canova para el gran escultor. Destaca la escultura a la derecha de la puerta de acceso a la tumba, que lleva en sus manos un jarrón con el corazón de Canova; el resto de él está enterrado en Possagno.

UNA PAUSA

En la frondosa glorieta cenador de la **Trattoria da Ignazio** (p. 102) se degusta pescado a la parrilla y vino blanco. Dos puentes más allá, en **La Bottiglia** (p. 103), hay sándwiches de calidad superior.

CIRCUITO A PIE

De Santa Croce a San Polo

Es muy fácil escapar de las multitudes en las callejuelas de Santa Croce y San Polo, a pesar de ser el corazón de Venecia. Esta ruta lleva desde las aglomeraciones del Rialto hasta algunos de los rincones más antiguos de la ciudad, pasando por puentes con vistas encantadoras. Por el camino se esconden palacios, curiosidades arquitectónicas y bares estupendos.

INICIO	FINAL	DURACIÓN
Chiesa di San Giacomo di Rialto	Al Prosecco	1,1 km; 1½-2 h

1 Iglesia vinculada a un mercado

Se empieza en la **Chiesa di San Giacomo di Rialto.** Su enorme reloj con una sola aguja nunca da la hora exacta. El altar mayor, con su estatua de Santiago, fue pagado por el gremio de queseros. La *Anunciación,* de Marco Vecellio, fue patrocinada por los cernidores de grano. El altar de San Antonio Abad fue encargado por los orfebres.

2 Mercado y café

Detrás de los puestos de *souvenirs* frente a la iglesia se pueden admirar pórticos con preciosos frescos. Se sigue por Ruga dei Spezieri, pasando por la quesería **La Baita** y la tienda de *delicatessen* **Drogheria Mascari,** antes de llegar a **Campo delle Beccarie.** Este era el mercado de carniceros, sito junto a la **Pescaria.** Se pasea por los puestos de pescado y se toma un café o un *spritz* en el **Bar all'Mercato.**

3 Barrio rojo

Se cruza el Rio delle Beccarie y se sigue hasta Calle dei Boteri. Se gira a la izquierda y se baja observando los escudos y frisos de los edificios. Se gira a la derecha en Carampane y de nuevo a la derecha bajo Sotoportego Carampane. Este callejón cubierto es el histórico barrio rojo de Venecia, donde las prostitutas mayores se retiraban al palacio Ca' Rampani. Más adelante está el **Ponte delle Tette** (puente de las Tetas).

4 Arte y esplendor rococó

Este es el corazón de la antigua Venecia, donde se estará prácticamente solo. Se para en el siguiente puente, **Ponte de L'Agnella,** para disfrutar de la pintoresca vista del canal. A continuación, se visita el **Palazzo Bonvicini,** del s. XVII, para contemplar la última exposición de arte contemporáneo de la Fundación Valmont en unas salas rococó magníficamente decoradas.

5 Un momento de película

Se sigue hacia el oeste, girando a la izquierda por Calle Longa, luego a la derecha por Campiello del Forner, después a la izquierda y de nuevo a la derecha hasta llegar a **Campo San Boldo.** Los cinéfilos reconocerán esta plaza por *Misterio en Venecia,* en la que Kenneth Branagh aparece en el puente bajo el Palacio Grioni, con su campanario cortado. Antiguamente estaba adosado a la iglesia de San Boldo, demolida en 1826.

6 'Prosecco' al aire libre

Se cruza el puente torcido y se gira a la derecha en Calle del Tentor. Se puede hacer una pausa en **Venezia Vineria** para degustar un tradicional *vini sfuso* (vino de tirador) y echar un vistazo a la moda japonesa-veneciana en **Anatema** antes de llegar a la soleada San Giacomo dall'Orio. Se entra en la iglesia para contemplar las obras de arte, se toma asiento en **Al Prosecco** y se pide una tabla de embutidos y queso.

EXPERIENCIAS

Admirar el Ponte di Rialto

VISTA CLÁSICA

PLANO: 1 P. 84 **H4**

Uno de los grandes momentos cuando se recorre el Gran Canal se produce al doblar la esquina después del mercado y ver el **puente de Rialto.** Construido por Antonio da Ponte en 1591, es un icono veneciano. Algunos días, parece que todo el mundo está aquí comprando recuerdos o sacando fotos desde el soleado lado sur. Pero siempre ha sido así: Vittorio Carpaccio plasmó la escena en su cuadro *Milagro de la reliquia de la Cruz en el puente del Rialto* (1494-1496), en la Accademia. Aquel primitivo puente de madera se incendió en una revuelta en 1310, y el que lo sustituyó se derrumbó bajo una exaltada multitud que iba a ver una boda en 1444, y de nuevo en 1524.

Exasperadas, las autoridades encargaron un puente de piedra. Se presentaron diseños de Sansovino y Palladio, y ganó la estructura de un solo arco de Ponte, con sus dos filas de tiendas orientadas hacia el interior. Esta audaz obra de ingeniería, que se preveía que se derrumbaría, ha desafiado a los críticos durante más de 400 años.

MEJORES BARES DE RIALTO

Cantina Do Spade

PLANO: 3 P. 84 **G3**

Famosa por aparecer en las memorias de Casanova, la acogedora "Dos Espadas" fue fundada en 1488 y sigue manteniendo contentos a sus clientes con sus vinos de Véneto e Istria y su gestión relajada.

Cantina Do Mori

PLANO: 4 P. 84 **G4**

En este rústico bar del s. XV da la sensación de haber entrado en un cuadro de Rembrandt. Bajo un techo de ollas de cobre, se pueden catar docenas de vinos locales junto a cebollas en vinagre con anchoas.

Al Mercà

PLANO: 5 P. 84 **H4**

Un mostrador diminuto en una plaza del mercado de Rialto que sirve *prosecco* de primera y vinos por copas. No hay asientos; todo el mundo está de pie en la plaza. Para comer, albóndigas de ternera, atún o berenjena.

Ponerse fino en All'Arco

TAPAS VENECIANAS

PLANO: 2 P. 84 **G4**

Al pasar cerca de Rialto, no hay que perderse la mejor *cichetteria* de Venecia, **All'Arco.** La cuarta generación de la familia Pinto, que emigró de Apulia para abrir una tienda de vinos, regenta este antiguo bar de esquina. Desde entonces han desplegado sus alas creativas. Armados con los mejores ingredientes diarios del mercado, el equipo de padre e hijo Francesco y Matteo sirve obras maestras en miniatura.

Los lunes, cuando la Pescaria está cerrada, Francesco tal vez envuelva espárragos trigueros en carne asada poco hecha; cuando llega el cargamento de marisco del sábado, con suerte se puede degustar su *baccalà* (bacalao) casero con una textura cremosísima. Incluso con copiosas copas de vino de Friuli, Trentino o Véneto, casi ninguna comida supera los 20 €. Abre hasta las 14.30 de lunes a sábado, y hasta las 19.00 en verano.

Descubrir arte moderno italiano en Ca' Pesaro

MUSEO DE ARTE

PLANO: 6 P. 84 **F2**

Aunque el *palazzo* que alberga el **Museo de Arte Moderno** de Venecia es clásico hasta la médula (construido para el dux Pesaro en 1710 por el arquitecto barroco Baldassare Longhena), su colección es poco convencional gracias a su propietaria, la duquesa Bevilacqua La Masa.

Esta duquesa fue una mecenas comprometida con el arte y fundó una residencia destinada a apoyar a los artistas italianos empobrecidos. A su muerte, en 1898, legó el palacio y sus obras de arte a la ciudad, con la condición de que siguieran innovando en el arte italiano.

Gracias a ese legado y a las generosas donaciones posteriores de las primeras Bienales, ahora se pueden recorrer las salas con extraordinarias obras en cera de Medardo Rosso y esculturas vanguardistas de Adolfo Wildt. También hay obras de Klimt, Chagall, Morandi, De Chirico, Carrà, Kandinsky, Matta y Balla.

La entrada incluye el acceso a exposiciones temporales de arte moderno y al excéntrico **Museo de Arte Oriental** de la última planta, repleto de arte y armamento japonés.

Rodearse de historia en la Tessitura Luigi Bevilacqua

FÁBRICA DE ÉPOCA

PLANO: 7 P. 84 **C1**

Al entrar en la **Tessitura Luigi Bevilacqua,** se huele la historia que encierra. La fábrica, fundada en 1875 por el tejedor de seda Luigi Bevilacqua, todavía alberga 18 telares de Jacquard de 300 años de antigüedad, donde se confeccionan terciopelos de seda en colores dignos de un cuadro de Tiziano. Es el último lugar de Venecia donde se practica este antiguo arte. Antaño había 6000 telares en toda la ciudad, sobre todo en Cannaregio, donde se amasaban fortunas comerciando con telas con judíos, turcos, armenios y griegos.

Hoy en día, entre sus clientes figuran el Kremlin, varias casas reales y diseñadores de moda de primer nivel. Esto no es de extrañar, teniendo en cuenta que solo pueden tejer 30 cm al día y un metro de tela cuesta entre 3000 y 6000 €. Pasear entre filetas de hilado giradas a mano y telares de aspecto arcaico tejiendo una red

EL OTRO MERCADO: PONTE DELLE TETTE

PLANO: 10 P. 84 **E4**

Nadie recuerda el nombre original del **Ponte delle Tette,** conocido desde el s. XV como "puente de las Tetas". Por aquel entonces, los sombríos pórticos que flanquean el puente eran usados por las prostitutas del barrio para esperar a sus potenciales clientes.

Las trabajadoras más ambiciosas podían encontrarse estudiando: por una conversación culta, las *cortigiane* (cortesanas) podían cobrar 60 veces más que las tarifas básicas. Los precios los fijaba la República (con un suplemento para jabón). Las tarifas de las *cortigiane* de alto nivel se publicaban en catálogos que ensalzaban sus méritos, y la altura de los zapatos de plataforma se limitaba a 30 cm.

de hilos finos y brillantes es una experiencia muy emocionante. Para entender los entresijos es imprescindible contar con un guía; se recomienda Luisella Romeo de **See Venice,** que ofrece visitas guiadas muy instructivas.

Catar vinos en la Vineria all'Amarone

BAR DE VINOS

PLANO: 8 P. 84 **F5**

Italia es el mayor productor de vino del mundo y el Véneto es su principal región productora. Esto significa que hay muchos vinos locales interesantes para probar. La **Vineria all'Amarone** se ha propuesto ayudar a los visitantes a elegir con surtidos de caldos seleccionados (cinco copas por surtido). Entre ellos destaca el héroe regional, el Tiziano de los vinos del Véneto: el Amarone, de sabor voluptuoso y gran cuerpo. Pero hay muchos más, desde el biodinámico Garganega hasta el aromático Lugana o el especiado Valpolicella Ripasso.

Si se quiere profundizar, el camarero puede hablar sobre ellos e incluso llevar especias y hierbas para ayudar a identificar los aromas. Otra opción es tomarse los vinos tranquilamente con bandejas de *cicchetti* (tapas) y embutidos de primera calidad. Después, se pueden comprar los favoritos en la tienda de al lado con un 20% de descuento (hacen envíos internacionales).

Reflexionar con el arte de la Fondazione Prada

ARTE CONTEMPORÁNEO

PLANO: 9 P. 84 **F2**

A pesar del aspecto de época del *palazzo* (diseño de Domenico Rossi de 1728), las exposiciones de arte que se instalan en la **Fundación Prada** entre mayo y noviembre son de vanguardia.

La exposición del 2023, *Everyone Talks About the Weather,* ahondaba en el precario futuro medioambiental de Venecia y ofrecía una experiencia de una gran belleza, pero no exenta de ansiedad, con el agua del Gran Canal bañando la puerta del palacio. Estas profundas inmersiones en acuciantes preocupaciones intelectuales y sociales se manifiestan en instalaciones de algunos de los artistas contemporáneos más vanguardistas, y contrastan con las paredes pintadas al fresco. Los frescos de la planta principal representan episodios de la vida de Catalina Cornaro, reina de Chipre, que nació aquí en 1454.

Envidiar la moda del pasado en el Palazzo Mocenigo MUSEO

PLANO: 11 P. 84 **E2**

Cuando el artista alemán Durero llegó a Venecia en 1505, como muchos visitantes actuales, se dirigió a Rialto para ir de compras. Tras su estancia, pintó el glorioso cuadro *Fiesta del Rosario* (1506), una imagen tan llena de lujosa moda veneciana que deja con la boca abierta. En el **Palazzo Mocenigo** se pueden admirar los detalles de la alta costura de los siglos XVII y XVIII.

Este fue el hogar de una de las familias más influyentes de Venecia. La opulenta puesta en escena incluye una serie de maniquíes suntuosamente vestidos en los salones pintados al fresco. Están de pie en medio de la sala, con escotes atrevidos y polisones de un metro de ancho, o sentados con las piernas cruzadas en sillas rococó, ataviadas con calzones y medias de seda.

Hay una sala dedicada a chalecos exquisitamente bordados y otra que reproduce un laboratorio de perfumería del s. XVI. El dominio de la artesanía demuestra por qué Venecia fue la capital europea de la moda durante siglos.

Hablar, comer, vivir en italiano ESCUELA DE IDIOMAS

PLANO: 12 P. 84 **C4**

En algún momento de una visita a Venecia, es posible ver un cartel de alquiler en la puerta de un palacio. Más de uno soñará despierto sobre cómo sería vivir en esta ciudad flotante.

Aunque no existe una fórmula mágica para convertirse en veneciano, si el viajero se apunta a un curso de la **Venice Italian School** podrá hacerse una idea muy real de cómo funciona Venecia. La dirigen los hermanos Diego y Lucia Cattaneo, y las clases se imparten en su casa familiar de Campo San Stin. La escuela utiliza el amplio entorno de Venecia para sacar a relucir las florecientes habilidades lingüísticas de los estudiantes en sesiones de paseo y charla. Se pueden organizar cursos para adultos y niños de entre 5 y 13 años.

Conciertos a la luz de las velas en San Giovanni Evangelista EDIFICIO DE ÉPOCA

PLANO: 13 P. 84 **C4**

La cofradía más antigua de Venecia, la **Scuola Grande di San Giovanni Evangelista,** fue fundada en 1261 por un grupo de penitentes flagelantes.

RUTA DE CÓCTELES

La moda de los cócteles en Venecia empezó cuando **Il Mercante** (PLANO: 15 P. 84 **C5**) abrió sus puertas en el 2016. Sus cócteles creativos dieron el pistoletazo de salida para otros bares, y desde entonces la escena coctelera ha madurado en direcciones apasionantes.

En la anual **Venice Cocktail Week** (sep/oct) participan 31 coctelerías y 24 restaurantes. Entre ellos destaca **The Bar** (PLANO: 16 P. 84 **F5**), en el magnífico Palazzo Papadopoli del grupo Aman, con su techo pintado al fresco por Cesare Rotta, sus paredes de seda roja y su experto en cócteles, el conde Arrivabene. Si no se puede asistir a las clases magistrales, las visitas guiadas y las degustaciones del festival, se puede hacer una ruta de cócteles con Monica Cesarato.

Fue suprimida por Napoleón en 1806, y resucitada como sociedad benéfica 50 años más tarde. Hoy organiza conferencias y conciertos.

Aunque las exposiciones se celebran en la planta baja, por las tardes se puede subir por la monumental escalera de Mauro Codussi hasta la espectacular sala de reuniones de 1762 de Giorgio Massari, con su suelo de mármol donde se celebran los conciertos. Mientras los cuartetos de cuerda interpretan a Queen, Coldplay o Led Zeppelin, el mármol multicolor resplandece a la luz de las velas y las amplias escenas de la vida de san Juan desaparecen en las sombras.

Una visita guiada permite disfrutar del impresionante arte y arquitectura del complejo y ver el magnífico relicario de cristal de roca, que contiene dos fragmentos de la Vera Cruz.

Relajarse en Campo San Polo

PLAZA LOCAL

En una ciudad de tanta opulencia, el ambiente acogedor de **Campo San Polo** resulta refrescante. Es la segunda plaza más grande de la ciudad, y ha sido durante mucho tiempo un lugar de encuentro público.

En el s. xv albergaba carreras de toros. Ahora se hacen conciertos al aire libre, proyecciones de películas en verano y patinaje sobre hielo en diciembre y enero. Se agradece la presencia de unos bancos donde sentarse al sol, tal vez con un pastelito de la cercana **Rizzardini** (p. 103). En la esquina noreste está **Birraria La Corte** (p. 102), la primera fábrica de cerveza Pilsner de Italia, que además es una estupenda pizzería. En la modesta **Chiesa di San Polo** (PLANO: 14 P. 84 **E5**) se puede admirar *La Última Cena* (1569) de Tintoretto, junto a pinturas de Veronese y Tiepolo.

El comisario Brunetti, protagonista de las exitosas novelas de Donna Leon, vivió cerca de Campo San Polo. Para descubrir sus rincones favoritos, se recomienda leer *Paseos por Venecia* de Toni Sepeda.

Vivir un concierto en el Palazzetto Bru Zane CONCIERTOS

PLANO: 17 P. 84 **C4**

En Venecia, un *casino* era un palacete privado donde familiares y amigos se reunían para escuchar música, apostar y pasar un buen rato. El **Palazzetto Bru Zane** es un ejemplo perfecto. Fue construido en el s. XVII para la familia Zane, que quería tener su propia sala de conciertos al otro lado del jardín de su palacio principal.

Es un lugar precioso, decorado con frescos de Sebastiano Ricci, suelos de mosaico de mármol y suntuosas tallas de madera. En el 2009, su sala de música de 100 plazas recuperó su función original gracias al Centre de musique romantique française. La temporada se extiende de octubre a mayo, con melodías románticas de músicos como Georges Bizet, Jules Massenet o André Onslow, el Beethoven francés. Los jueves se organizan visitas guiadas gratuitas.

Socializar en Campo San Giacomo dall'Orio PLAZA LOCAL

En algún momento del día, los venecianos se detienen en uno de los *campi* de la ciudad. Charlan con los amigos, se toman un *prosecco* o disfrutan de un helado al sol.

Un microcosmos perfecto de este ambiente vecinal se encuentra en **Campo San Giacomo dall'Orio,** una plaza encantadora con un par de sicomoros a la sombra, una panadería Majer (p. 104), el excelente bar Al Prosecco (p. 104) y la incomparable heladería **Gelato di Natura,** que elabora un helado de lo más cremoso. También está la románica **Chiesa di San Giacomo dall'Orio** (PLANO: 18 P. 84 **C3**), con un par de obras de arte notables de Lorenzo Lotto y Paolo Veneziano. Se puede hacer una visita rápida y luego comprar un cucurucho de helado de cereza negra o de tiramisú.

Dinosaurios en el Museo di Storia Naturale di Venezia MUSEO

PLANO: 19 P. 84 **D1**

Las familias no pueden perderse el palacio italo-bizantino de los duques de Ferrara. Vivieron aquí hasta 1621, cuando fueron desplazados para dejar sitio al socio comercial más importante de Venecia: el Imperio otomano. De ahí el nombre del edificio, el **Fondaco dei Turchi** ("almacén de los turcos").

Tras la marcha de los turcos en 1858, fue reutilizado como **Museo de Historia Natural.** En la planta baja, burbujea un acuario con especímenes venecianos, mientras que en la de arriba hay una exposición de dinosaurios, con un ouranosaurio del Sáhara, un esqueleto de cocodrilo prehistórico de 12 m y un *Psittacosaurus mongoliensis* de 120 millones de años.

Además se exponen muestras de la época de exploración de Venecia, cuando aventureros como Marco Polo recogían especímenes de tierras lejanas para ponerlos al servicio de la ciencia y las motivaciones sociales.

SUGERENCIAS

Lo mejor para...

€ Económico €€ Medio €€€ Alto

Localizaciones en el plano de la **p. 84**

Comer

Sin complicaciones

Al Nono Risorto €
20 F3
Una *trattoria* sencilla con una terraza emparrada. Platos de pasta con tinta de calamar, *pizza* y especialidades venecianas como *sarde in saor* (sardinas en escabeche). *Ju-ma*

Birraria La Corte €€
21 E4
Este antiguo establo de toros se convirtió en cervecería en el s. XIX para mantener ocupados a los ocupantes austriacos de Venecia. La cerveza y el filete siguen siendo básicos, pero también sirven *pizzas* excelentes. *Mi-lu*

Mare Magno €€
22 A2
Frente a la estación de tren, con parras pintadas en las paredes, vistas al Gran Canal y excelentes platos caseros de pasta y pescado y marisco. Acogedor, informal y a buen precio. *Mi-lu*

Clásicos venecianos

Antiche Carampane €€€
23 E4
En el antiguo barrio rojo. Este clásico veneciano ofrece excelentes platos tradicionales y bandejas de pescado y marisco de temporada. A los venecianos les encanta; hay que reservar. *Ma-sa*

Trattoria da Ignazio €€
24 D5
Los camareros de americana blanca sirven pescado de la laguna a la parrilla y pasta fresca con un toque de sofisticación. *Mi-do y 19.00-22.00 ma*

Osteria Ae Saracche €€
25 B3
Para disfrutar de las vistas del Rio Marin mientras se saborean suculentos platos de *musetto* (salchicha) o *bigoli* (pasta fresca veneciana) en salsa. A menudo hay eventos culturales. *Ma-sa*

Una versión creativa de la tradición

Osteria La Zucca €€
26 D2
Los platos de temporada centrados en las verduras aportan influencias del comercio de especias a los productos locales. Es famoso su flan de calabaza. Los productos de la isla son la estrella. *Lu-sa*

Osteria Trefanti €€€
27 B3
El comercio de especias de Venecia sigue vivo en esta elegante *osteria*, donde las vieiras se realzan con hinojo y las almejas se presentan en untuosa leche de coco. El maridaje de vinos es igualmente inspirado. *19.00-22.00 ma-sa*

Il Refettorio €€€
28 B5
Un restaurante con un interior elegante, barra de peltre y ébano y una interesante carta moderna que incluye jugosas hamburguesas de Chianina, cangrejo al limón y *tortellini* de pintada. *12.00-15.00 y 18.30-22.00 ju-ma*

Ostaria dai Zemei €
29 G4
Los gemelos Franco y Giovanni regentan esta pequeña barra que sirve inspirados *cicchetti* (tapas) como gorgonzola con mermelada de *peperoncino* (guindilla) o achicoria con puerro y anchoas marinadas. *Hasta 20.30 lu-do*

Estrellas Michelin

Glam €€€
30 E2
Una carta aparentemente sencilla oculta la brillantez de la cocina de Donato Ascani, que eleva los ingredientes de la laguna a las más altas cotas de sabor. En el Palazzo Venart. *Mi-do*

Wisteria Ristorante €€€
31 C6
El chef Dallamano elabora magníficos menús de pescado salvaje, verduras frescas de la laguna y carne que se deshace en la boca. Cenar bajo las glicinas es un plus. *19.00-22.00 lu y ma, almuerzo vi-do*

Zanze XVI €€€
32 A4
Aventureros sabores de rutas comerciales con recetas tradicionales aderezadas con *kimchi*, zumaque, tamarindo y lima *shikuwasa*. El ingenioso emplatado es casi demasiado bonito para comérselo. *Mi-do*

Dulces y sándwiches

Bar Ai Nomboli €
33 D5
Este discreto bar cerca del *vaporetto* se llena de lugareños que acuden en busca de sándwiches *gourmet* con quesos, *porchetta*, salami y verduras. *7.00-21.00 lu-sa*

Pasticceria Rizzardini €
34 F5
Afamada desde 1742 por sus pasteles, pastas y galletas. La sección de galletas incluye las *pallone di Casanova* (bolas de Casanova) y otros dulces típicos venecianos. *7.00-19.30 mi-lu*

Pasticceria Rio Marin €
35 B3
Una pastelería de época que elabora pastas de almendra, tartas de ciruela y melocotón y *crostata di marrone* (tarta de castañas). Sentarse junto al canal con un café y un tiramisú: ¡el paraíso! *7.30-18.30 ju-ma*

Beber

Bares baratos y animados

La Bottiglia
36 C4
Este bar minúsculo junto a un puente pintoresco tiene mucho que ofrecer, con jamón curado colgando del techo, interesantes vinos regionales y un dueño amable que hace recomendaciones. *10.00-22.30 do-ju, hasta 23.30 vi y sa*

Osteria da Filo
37 D3
Con piano, viejos sofás, wifi gratuito, novelas abandonadas y algún que otro concierto. Las bebidas son baratas y los *cicchetti*, sabrosos. *17.00-23.00 lu-vi, desde 11.00 sa y do*

Bacareto da Lele
38 A4
El pequeño Da Lele está siempre lleno de estudiantes y trabajadores que se detienen a tomar una copa de vino barato y platos de salami y queso, todo ello de pie. *6.00-20.00 lu-vi, hasta 14.00 sa, cerrado ago*

Bares de vino

Stappo

39 E3

Bar contemporáneo de vinos naturales con un encantador patio interior. La creativa carta de vinos se combina con un menú que incluye platos como *tagliatelle* con salsa de salmonete. *Vi-mi*

Al Prosecco

40 D2

En una bonita plaza, está especializado en vinos naturales de bodegas italianas. Las copas van acompañadas de *cicchetti* de calidad y embutidos. *10.00-20.00 lu-sa*

Cantina Arnaldi

41 A5

Para quien aprecia el buen vino. Katia y Andrea guían con mucho gusto por los más de 70 vinos naturales y locales (y algunas cervezas artesanas) mientras sirven deliciosos *cicchetti, parmigiana* y salami casero. *11.30-24.00 ju-sa, lu y ma*

Cafeterías fiables

Caffè del Doge

42 G4

Los amantes del café toman tazas de especialidades, desde etíopes hasta guatemaltecos, tostados aquí mismo. También sirven infusiones y pasteles. *7.00-19.00*

Majer

43 D2

Al lado de la iglesia de San Giacomo dall'Orio. Esta sucursal de la cadena veneciana sirve café, saludables *centrifughe* (batidos), bollería y sándwiches ecológicos. Hay mesas al aire libre. *7.00-20.00*

Bottega del Caffè Dersut

44 C5

Cafetería moderna que atrae a los clientes con su café a la avellana, chocolate caliente y batidos de frutas. Muchas opciones para veganos y alérgicos. *6.00-20.00 lu-sa, hasta 14.00 do*

Comprar

Libros y arte de papel

Damocle Edizioni

45 F4

Es a la vez librería y editorial, donde Pierpaolo Pregnolato produce exquisitos libros multilingües y grabados. *9.30-12.30 y 15.00-18.00 lu-vi, hasta 12.30 sa*

Veneziastampa

46 E3

Las mañanas son el mejor momento para ver en acción la máquina Heidelberg de 1930 en esta imprenta manual tradicional. Se pueden elegir los símbolos para originales *ex libris* y tarjetas. *8.15-19.00 lu-vi, 9.00-17.00 sa*

DoppioFondo

47 C2

Tiziano y Vanessa utilizan diversas técnicas de estampación para crear camisetas, bolsas y libros de edición limitada. También imparten talleres de grabado, caligrafía y dibujo. *10.00-12.30 y 15.00-19.00 lu-sa*

Paperoowl

48 B3

Stefania Giannici dobla, imprime, enrolla, teje y pinta a mano una extraordinaria variedad de obras de papel. Las piezas incluyen campanas de viento inspiradas en cúpulas venecianas y collares que parecen cuentas de cristal de Murano. *10.30-18.00 lu-vi*

Recuerdos hechos a mano

Artigianato d'Arte di Mauro Vianello

49 F3

El escaparate de este pequeño estudio de cristal es como un océano lleno de caballitos de mar, nemos, estrellas de mar, conchas y medusas de cristal. Reservar para ver cómo trabaja el artista. *10.30-18.00 lu-sa*

Bruno Barbon

50 C5

Bruno ayudó a restaurar el teatro de la Fenice tras su incendio. Vale la pena buscar su atelier y llevarse a casa un precioso candelabro, marco o figurita tallados y dorados a mano. *8.30-12.30 lu-sa*

Gilberto Penzo

51 D5

Para llevarse a casa una góndola en el bolsillo gracias a las maquetas de madera de barcos venecianos hechas a mano por el Signor Penzo. También hay kits para los más mañosos. *8.30-13.00 y 15.00-18.00 lu-sa*

Alberto Sarria Masks

52 G4

Evocar a Casanova en este taller dedicado al arte de las máscaras desde hace más de 30 años. Las hermanas Sarria continúan la labor de su padre. Compañías de teatro de todo el mundo utilizan sus máscaras. *11.00-18.00*

Joyas y gemas

Oh My Blue

53 C6

Exhibe joyas, accesorios y objetos decorativos vanguardistas y llamativos de talentos locales e internacionales. *11.00-13.00 y 15.30-19.30 lu-sa*

L'Angolo d'Oro

54 C4

Enrico Simionato usa técnicas como el repujado, el calado y el grabado para elaborar piezas a medida en oro y plata, algunas de ellas engastadas con piedras preciosas. *9.45-13.00 y 16.15-20.00 lu-vi, hasta 13.00 sa*

Bottega Orafa ABC

55 D2

El maestro de los metales Andrea d'Agostino está influenciado por la técnica japonesa del *mokume gane* (que significa "metal con vetas de madera"). *9.30-13.00 y 15.30-19.30 ma-sa*

Moda única

Tabinotabi

56 H4

Para vestirse con las camisas, los pantalones y los pijamas más suaves fabricados con tejido SeaCell, una fibra sostenible hecha de algas marinas. Las prendas son hipoalérgicas y 100% biodegradables. *10.00-19.30 lu-sa*

Process Collettivo

57 C5

Una organización sin ánimo de lucro que vende artículos creados por reclusos como parte de un programa de reinserción. Las carteras y bandoleras se fabrican a partir de vallas publicitarias recicladas. *10.30-18.00 lu-sa*

Emilio Ceccato

58 H4

Si gustan las camisetas de rayas, los gorros de lana y los pantalones de crepé que llevan los gondoleros de Venecia, este es el proveedor oficial. *10.30-18.30*

Pied à Terre

véase 56 H4

Las *furlane* (zapatillas) venecianas están hechas a mano con seda, brocado y seda cruda sobre suelas fabricadas con neumáticos de bicicleta reciclados. Las pueden fabricar a medida y enviarlas a casa. *10.00-19.00*

Isla Fontaine

59 D5

La experiencia de la diseñadora Eleonora Mayerle en la Bienal y su formación en Central Saint Martins se hacen evidentes en sus bolsos elegantes y artísticos, realizados en un sinfín de colores caramelo. Para combinar con sus joyas *art déco*. *14.00-19.00 lu-vi, 10.30-13.00 sa*

★ IMPRESCINDIBLE

Gran Canal

Nunca una vía pública tuvo un nombre tan acertado como el Gran Canal, que refleja el esplendor de Venecia y los mil años de arquitectura que decoran sus orillas. En sus 3,8 km de longitud se pueden admirar 50 palacios, seis iglesias, cuatro puentes, localizaciones de películas de James Bond, dos mercados históricos y una prisión elegante (desde fuera, al menos).

PLANO: P. 84 **A1**

CONSEJO
Tomar el *vaporetto* 1 en Piazzale Roma, la estación de tren de Santa Lucia o Piazza San Marco. El billete de 24 h permite subir y bajar todo el día.

Escanea este código QR para reservar billetes de *vaporetto*.

Piazzale Roma

La calle más bonita del mundo es en realidad un río. Empieza en la **estación de tren de Santa Lucia** (1924), construida sobre los escombros del convento homónimo. Delante está la alta cúpula de **San Simeon Piccolo** (1738), descrita por Ruskin como "una de las iglesias más feas de Venecia". Más allá se alza el moderno **Ponte di Calatrava** (2008).

Fondaco dei Turchi y Casa de Oro

Gracias al botín obtenido durante la Cuarta Cruzada, Venecia adquirió ciertos toques orientales. Esto se aprecia en el **Fondaco dei Turchi** ("almacén de los turcos"), del s. XIII, con un estilo gótico veneciano único ejecutado por Bartolomeo Bon. El arquitecto y escultor fusionó las tendencias europeas con influencias bizantinas e islámicas para crear la adornada **Ca' d'Oro** (p. 120; Casa de Oro). Se observan los mismos detalles estilísticos en el **Palazzo Ducale** (p. 44).

Rialto

Los epicentros de orgullo veneciano incluyen el mercado de la **Pescaria** (p. 91), construido en 1907 imitando el estilo gótico, seguido por el icónico **Ponte di Rialto** (p. 89), de Antonio da Ponte, construido en 1592. Lo completan el **Fondaco dei Tedeschi** (p. 54; "almacén de los alemanes"), hoy centro comercial de lujo, y el renacentista **Palazzo**

WJAREK/ISTOCK ©

dei Camerlenghi (palacio de los Camarlengos), con su cárcel de morosos en la planta baja.

De Rialto a la Accademia

Los dos meandros siguientes despliegan un gran encanto, con el renacentista **Palazzo Grimani** (p. 136) diseñado por Sanmicheli y el **Palazzo Corner Spinelli** de Mauro Codussi, seguidos del clásico **Palazzo Grassi** (p. 55) de Giorgio Masari, ahora repleto de arte contemporáneo, y la joya barroca **Ca' Rezzonico** de Baldassare Longhena (p. 72).

Gran Final

El **Ponte dell'Accademia** se construyó en madera en el meandro sur en 1930. Más allá, unos leones flanquean la **Peggy Guggenheim Collection** (p. 68). Y, al final del canal, la cúpula barroca de **La Salute** de Longhena (p. 72). Solo queda llegar hasta el Bacino San Marco y desembarcar en el rosado Palazzo Ducale.

UNA PAUSA

La mejor terraza a orillas del Gran Canal (con vistas a La Salute) es la del **Palazzo Gritti** (p. 58). Las mesas de **Bancogiro** (p. 90) son más asequibles.

Sugerencias de lugares para comer, beber y comprar en **p. 122**

Explora
Cannaregio y el Gueto

Para la mayoría de los visitantes, la introducción a Venecia es Cannaregio. Después de llegar en tren, en autobús o en coche, se pasea por este *sestiere* (distrito), el segundo más grande, para llegar a Rialto y San Marco. Este apacible barrio residencial es una mescolanza de bulliciosas calles comerciales y canales espaciosos, que lo distinguen de otros más laberínticos como San Marco o San Polo. Hay lugares de interés como el gueto judío y Ca' d'Oro, uno de los tramos más glamurosos del Gran Canal, además de la zona de bares más encantadora de Venecia. Es hora de alejarse de las calles principales y descubrir canales tranquilos, vistas de los Dolomitas y algunas de las iglesias más bellas de la ciudad... y sin aglomeraciones.

Cómo desplazarse

'Vaporetto'
El *vaporetto* n° 1 recorre el Gran Canal; las paradas incluyen la estación de ferrocarril (Ferrovia) y Ca' d'Oro. El n° 4.2 y el 5.2 recorren el extremo norte de Cannaregio, por el lado de la laguna.

'Traghetto'
La parada de *traghetto* de Santa Sofia, junto a Ca' d'Oro, conecta Cannaregio con el Mercato di Rialto.

A pie
La calle principal de Cannaregio va desde la estación de tren hasta Rialto. El enorme Ponte degli Scalzi (el puente que cruza el Gran Canal junto a la estación de tren) conecta Cannaregio con San Polo.

Ca' d'Oro (p. 120).
VILIAM.M/ SHUTTERSTOCK ©

★

LO MEJOR

Descubrir la dolorosa historia del primer **GUETO JUDÍO** del mundo (p. 116).

Adentrarse en la carta de amor de Giorgio Franchetti a Venecia, la espectacular **CA' D'ORO** (p. 120).

Aprender a remar de pie, al estilo veneciano, con **ROW VENICE** (p. 119).

En la zona de bares de **FONDAMENTA DELLA MISERICORDIA** (p. 119), llenarse de *cicchetti* (tapas) y vinos.

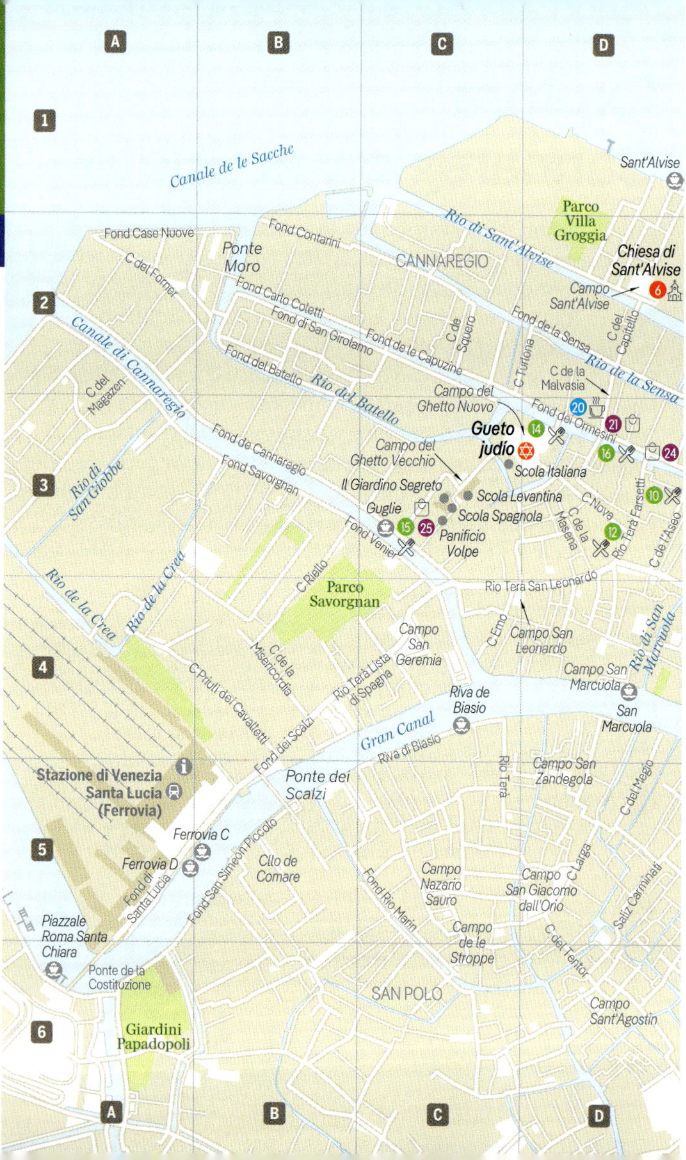
A
B
C
D
1
2
3
4
5
6
Canale de le Sacche
Sant'Alvise
Parco Villa Groggia
Rio di Sant'Alvise
Chiesa di Sant'Alvise
6
Campo Sant'Alvise
CANNAREGIO
Fond Case Nuove
Fond Contarini
Ponte Moro
C del Forner
Fond Carlo Coletti
Fond di San Girolamo
Fond de le Capuzine
C de Squero
Fond de la Sensa
C del Capitello
Rio de la Sensa
C Turlona
C de la Malvasia
Canale di Cannaregio
Fond del Batello
Rio del Batello
Campo del Ghetto Nuovo
20
Fond dei Ormesini
21
C del Magazen
Gueto judío
14
16
24
Campo del Ghetto Vecchio
Scola Italiana
Fond de Cannaregio
Fond Savorgnan
Rio di San Giobbe
Il Giardino Segreto
Scola Levantina
C Nova
Rio Terà Farsetti
10
Guglie
Scola Spagnola
C de la Masena
15
25
Panificio Volpe
12
C de l'Aseo
Fond Venier
Rio de la Crea
Rio de la Crea
C Riello
Parco Savorgnan
Rio Terà San Leonardo
Campo San Geremia
C Emo
Campo San Leonardo
Rio di San Marcuola
C de la Misericordia
C Priuli dei Cavalletti
Rio Terà Lista di Spagna
Campo San Marcuola
Riva de Biasio
San Marcuola
Gran Canal
Fond dei Scalzi
Riva di Biasio
Rio Terà
Campo San Zandegola
Stazione di Venezia Santa Lucia (Ferrovia)
Ponte dei Scalzi
C del Megio
Ferrovia C
Ferrovia D
Fond San Simeon Piccolo
Cllo de Comare
Fond di Santa Lucia
Fond Rio Marin
Campo Nazario Sauro
Campo San Giacomo dall'Orio
C Larga
Salìz Carminati
Piazzale Roma Santa Chiara
Campo de le Stroppe
C del Tentor
Ponte de la Costituzione
SAN POLO
Campo Sant'Agostin
Giardini Papadopoli

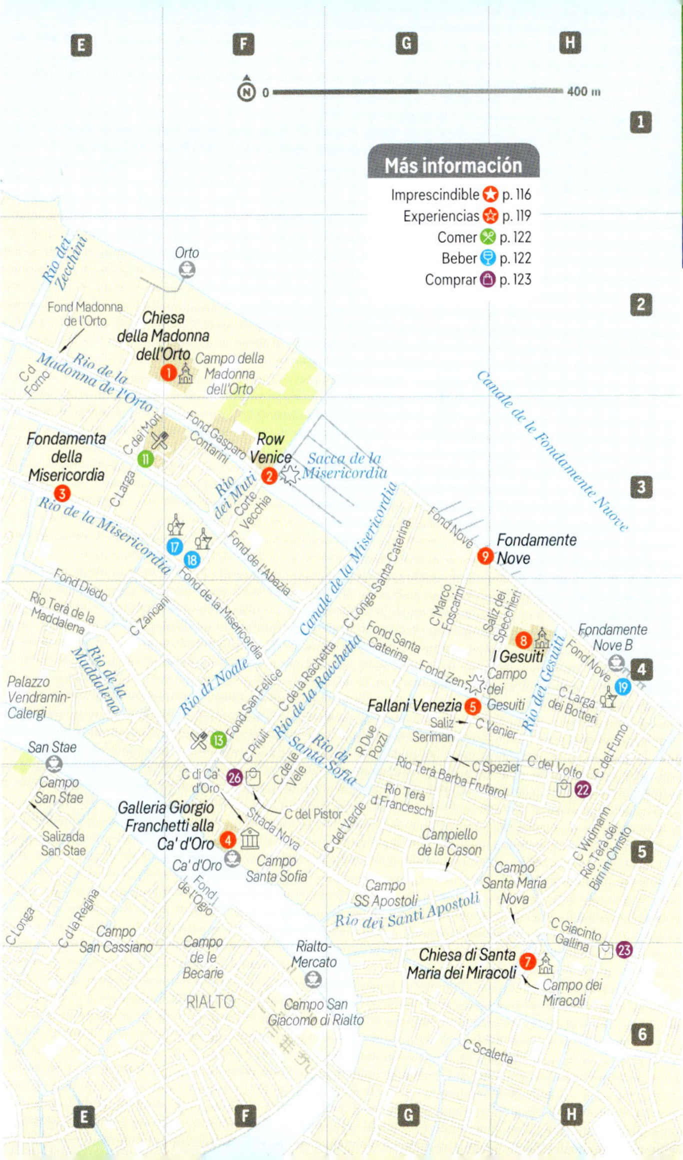
E
F
G
H
0
400 m
1
2
3
4
5
6
Más información
Imprescindible p. 116
Experiencias p. 119
Comer p. 122
Beber p. 122
Comprar p. 123
Rio dei Zecchini
Orto
Fond Madonna de l'Orto
Chiesa della Madonna dell'Orto
Campo della Madonna dell'Orto
C d Forno
Rio de la Madonna de l'Orto
C dei Mori
Fond Gasparo Contarini
Row Venice
Sacca de la Misericordia
Fondamenta della Misericordia
C Larga
Rio dei Muti
Corte Vecchia
Rio de la Misericordia
Canale de le Fondamente Nuove
Fond Nove
Fondamente Nove
Fond de l'Abazia
Canale de la Misericordia
C Longa Santa Caterina
C Marco Foscarini
Saliz dei Specchieri
Fond Diedo
Rio Terà de la Maddalena
C Zancani
Fond de la Misericordia
Rio de la Maddalena
Fond Santa Caterina
I Gesuiti
Fondamente Nove B
Fond Nove
Fond Zen
Campo dei Gesuiti
Rio dei Gesuiti
Palazzo Vendramin-Calergi
Rio di Noale
Fond San Felice
C de la Rachetta
Rio de la Racchetta
Fallani Venezia
C Larga dei Botteri
Saliz Seriman
C Venier
San Stae
C Priuli
Rio di Santa Sofia
R Due Pozzi
C del Fumo
Campo San Stae
C di Ca' d'Oro
C de le Vele
Rio Terà Barba Frutarol
C Spezier
C del Volto
Salizada San Stae
Galleria Giorgio Franchetti alla Ca' d'Oro
C del Pistor
Strada Nova
C del Verde
Rio Terà d Franceschi
Campiello de la Cason
C Widmann
Rio Terà dei Birri in Christo
Ca' d'Oro
Fond de l'Ogio
Campo Santa Sofia
Campo SS Apostoli
Campo Santa Maria Nova
Rio dei Santi Apostoli
C Longa
C d la Regina
Campo San Cassiano
Campo de le Becarie
Rialto-Mercato
C Giacinto Gallina
Chiesa di Santa Maria dei Miracoli
Campo dei Miracoli
RIALTO
Campo San Giacomo di Rialto
C Scaletta

CIRCUITO A PIE

De 'cicchetti' por Cannaregio

Durante siglos, los trabajadores venecianos se han alimentado a base de *cicchetti*, aperitivos de bar tradicionalmente acompañados de una *ombra* (copita de vino). Hoy en día, suelen ser rebanadas de pan con inventivas combinaciones de pescado, carne y verduras. Las amplias orillas de los canales de Cannaregio son ideales para probarlos.

INICIO	FINAL	DURACIÓN
Al Parlamento	Un Mondo Divino	2,1 km; 45 min

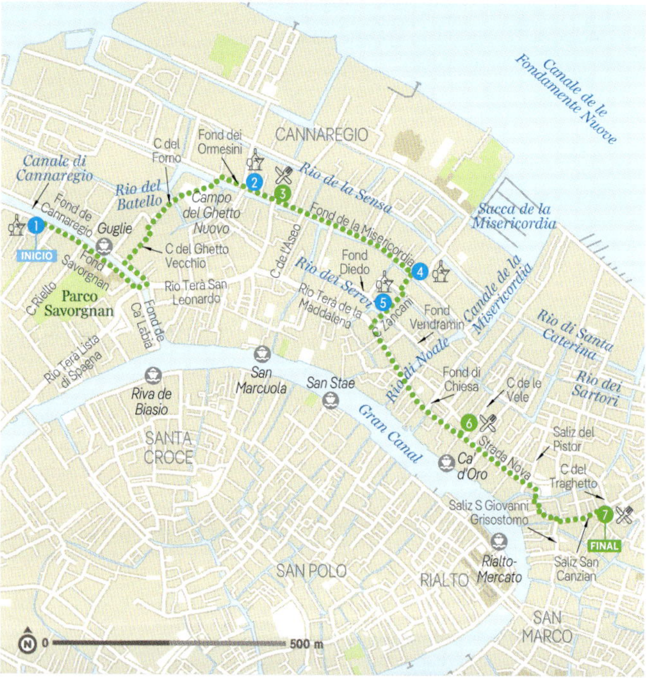

1 Inicio junto al canal
¿Y esa hilera de gente feliz junto al canal de Cannaregio? Están en **Al Parlamento,** un local popularísimo en el que tomar un *spritz* (cóctel de *prosecco*) y un *tramezzino* (el sándwich triangular de Venecia) entre estudiantes y turistas por igual. Si se llega de la estación, es la introducción perfecta a los *cicchetti* de Venecia.

2 Picar algo en un barco
Al Timon destaca en la zona de bares de la Fondamenta della Misericordia (que incorpora la Fondamenta degli Ormesini) por su originalidad: aquí es posible sentarse en un barco amarrado. Si no hay sitio, hay mesas al borde del canal. Además de potentes *cicchetti,* sirven buenos filetes.

3 'Cicchetti' locales
Un poco más allá, el divertido **Ae Bricoe** sirve algunos de los *cicchetti* más sabrosos de la zona: delicadas rebanadas de pan cubiertas con todo tipo de ingredientes, desde *baccalà mantecato* (brandada de bacalao) hasta carnes potentes procedentes de un amigo del continente.

4 Vinos naturales
Se puede aliviar la futura resaca con una copa de vino natural en **Vino Vero,** con vinos naturales y biodinámicos de pequeña producción, acompañados de tablas de *cicchetti* (incluso espolvoreados con flores).

5 Licores de la laguna
Volviendo a la calle principal (hacia Rialto), se pasa por **Il Santo Bevitore,** conocido por sus cervezas de barril y su selección de licores italianos, como ginebra, vodka, amaro y absenta caseros, elaborados con hierbas de la laguna. También excelentes *cicchetti.*

6 La hora de las albóndigas
Los venecianos hacen cola ante la puerta para probar las albóndigas de **Ca' d'Oro alla Vedova,** un cruce entre un *bacaro* (bar) y una *trattoria* tradicional. Es ideal acompañar un par de esas albóndigas jugosas y perfectamente sazonadas con una *ombra* servida de las enormes jarras de la barra.

7 Una tabla para cenar
Se termina con un plato de *cicchetti* cerca de Rialto en **Un Mondo Divino,** cuya encimera de cristal está repleta de clásicos venecianos como *sarde in saor* (sardinas en escabeche, que se remontan a los tiempos de la República de Venecia) y flores de calabaza fritas.

CIRCUITO A PIE

Por el norte de Cannaregio

La zona norte de Cannaregio incluye algunas de las partes más tranquilas de la ciudad, con espectaculares vistas de la laguna norte y los Dolomitas. Numerosos puentes cruzan los amplios canales, hay algunas de las iglesias más bellas de la ciudad y se respira un aire más exclusivo. Este paseo es como una meditación a pie.

INICIO	FINAL	DURACIÓN
Ponte delle Guglie	Bar Cupido	3,2 km; 1 h

1 Distracciones junto al canal

Se empieza con un paseo por el canal de Cannaregio, que conecta el Gran Canal con la laguna norte. Se recorre la orilla derecha desde las gárgolas del **Ponte delle Guglie,** y se pasa junto a la entrada del antiguo gueto. Al otro lado del puente de Tre Archi se encuentra la **Chiesa di San Giobbe,** uno de los primeros edificios renacentistas de la ciudad, construido por Pietro Lombardo.

2 Magia moderna

Allí donde el canal se une a la laguna, se gira a la derecha por una parte inusualmente moderna de Venecia: la **Baia del Re,** una zona residencial construida durante el periodo fascista. Desde el paseo marítimo hay vistas espectaculares de los Dolomitas.

3 Mirar hacia el cielo

Se sigue el Rio di San Girolamo hacia el este hasta la Fondamenta della Misericordia. Un pequeño desvío a la izquierda lleva a la pequeña **Chiesa di Sant'Alvise,** cuyo sencillo exterior de ladrillo oculta un interior con frescos y trampantojos que convierten el techo en un palacio al aire libre que conduce al cielo, con cupidos invitando a subir.

4 Corazón artístico

Se cruzan varios puentes para llegar a **Campo dei Mori,** donde hay cuatro estatuas de tamaño natural en las paredes. Se cree que tres de ellas (con turbantes) son los hermanos que fundaron la zona. Cerca hay una placa que señala la casa donde vivió Tintoretto. Cruzando otro canal está la **Chiesa della Madonna dell'Orto,** la parroquia del barrio, con obras de Tintoretto.

5 Parada para una foto

Se entra en la Fondamenta della Misericordia para cruzar el Cannaregio oriental, pasando por el **Ponte Chiodo,** uno de los dos puentes que quedan en la laguna que no tienen muros laterales. Hace siglos eran todos así. Desde entonces se han construido más de 400 puentes, dejando este y el Ponte del Diavolo de Torcello tal y como eran en su día.

6 Esplendor rococó

Se gira a la derecha por la Fondamenta di Santa Caterina y se sigue el canal. Se aparece ante los niños que juegan al fútbol en Campo dei Gesuiti. Se entra en la iglesia de **I Gesuiti** para admirar el estilo rococó.

7 Un 'spritz' rápido

Se sale a Fondamente Nove para disfrutar de las vistas de la laguna norte. Se termina con un *spritz* con vistas al agua en el simpático **Bar Cupido.**

★ IMPRESCINDIBLE

El gueto judío

Esta parte de Cannaregio era un *geto* (fundición) antes de que la comunidad judía se estableciera aquí en 1516 como el primer gueto del mundo. Los "rascacielos" de ocho plantas dan pistas del doloroso pasado, pero las cinco sinagogas (tan suntuosas como las iglesias de Venecia) demuestran cómo la comunidad floreció a pesar de las adversidades.

PLANO: P. 110 **D3**

CONSEJO
Elegir una visita guiada en grupo o por libre con audioguía por las sinagogas. La primera es más informativa; la segunda permite pasar tiempo a solas en los edificios.

Escanea este código QR para precios, horarios y demás.

Museo Ebraico

El pequeño **Museo Judío** de Campo del Ghetto Nuovo cuenta la historia de los judíos de Venecia y del primer gueto del mundo. Estaba cerrado por reformas en el momento de escribir estas líneas, y su reapertura estaba prevista para el 2025. Mientras tanto, se pueden hacer visitas guiadas (de unos 75 min) y por libre a las sinagogas de la zona.

De las cinco, dos suelen abrir cada día: la Scola Spagnola y la Scola Levantina, aunque los viernes esta última se sustituye por una visita a la **Scola Italiana,** más pequeña.

Scola Levantina

Esta suntuosa **sinagoga** fue la primera de Venecia en utilizar mármol, algo que hasta entonces estaba prohibido en los lugares de culto no cristianos. La comunidad sefardí sacó el máximo partido de este material, y consiguió que el arquitecto del s. XVII Baldassare Longhena participara en el diseño y que el ebanista Andrea Brustolon tallara un espectacular *bima* (púlpito) similar al de San Pedro de Roma. La artesanía es tan fina como cualquier detalle del Palazzo Ducale.

SHARON LAPKIN/GETTY IMAGES ©

Scola Spagnola

Un precioso balcón oval rodea la sala principal de esta **sinagoga,** también conocida como Scuola Ponentina. Su suelo de baldosas perfectas tiene una sola baldosa fuera de lugar (para mostrar la imperfección de la humanidad), mientras que las columnas de *marmorino* (mármol falso) y las lámparas perfectamente pulidas la hacen tan impresionante como las iglesias de Cannaregio.

Esta sinagoga (la más grande de las cinco) fue construida en el s. XVI y reformada un siglo más tarde, tal vez por Longhena. Originalmente era una sinagoga "clandestina", que podía funcionar siempre que desde el exterior no se supiera lo que había dentro. Incluso hoy, desde fuera, parece un *palazzo* más.

UNA PAUSA

Comprar un dulce típico judío en la panadería *kosher* **Panificio Volpe** (como las *impade,* o galletas rellenas de almendra) y degustarlo en un banco de Campo del Ghetto Nuovo.

EL HOMBRE QUE SALVÓ A LOS JUDÍOS

Que solo 246 de los 1000 miembros de la comunidad judía de Venecia fueran enviados a campos de concentración en la II Guerra Mundial se debe a un hombre: Giuseppe Jona. Cuando los ocupantes nazis le pidieron una lista de judíos, Jona destruyó los documentos de la comunidad y se suicidó, antes que traicionarlos. Una placa en Campo del Ghetto Nuovo recuerda su sacrificio.

Campo del Ghetto Nuovo

La tranquila plaza principal, conectada hoy con la **Fondamenta della Misericordia,** está bordeada por "rascacielos" de ocho plantas que demuestran las condiciones de hacinamiento en las que se veía obligada a vivir la comunidad. Las *stolpersteine* ('piedras de tropiezo') recuerdan a las personas que fueron enviadas desde sus hogares a los campos de exterminio nazis, y hay un monumento a los 246 judíos venecianos capturados durante la II Guerra Mundial.

La residencia de ancianos, de donde muchos fueron deportados, alberga ahora el restaurante de moda **Ba'Ghetto** (p. 122). Las visitas a las sinagogas empiezan aquí, en la plaza, con una explicación exhaustiva y fascinante de la historia de la Venecia judía, incluidas las sinagogas y los espacios ocultos a plena vista.

En torno al Gueto

El gueto estaba confinado en una pequeña isla, pero se amplió dos veces en el s. XVII. Aún se pueden ver las antiguas puertas que encerraban a los residentes desde las 9 de la noche hasta las 6 de la mañana. Hoy es una zona tranquila con tiendas de antigüedades, galerías y restaurantes *kosher*.

Il Giardino Segreto

En su día, Venecia estaba llena de pequeños jardines, incluso en el espacio reducido del gueto. Detrás de la Scola Spagnola, durante más de 300 años hubo un huerto lleno de higueras, olivos y granados, todo ello conectado por vides. Los árboles elegidos eran simbólicos para el judaísmo: la comunidad utilizaba los frutos en sus celebraciones.

En el 2018, el espacio fue replantado con un **"jardín secreto"** lleno de plantas, árboles y hierbas mencionados en el Antiguo Testamento. En este espacio renacido los guías dejan a los visitantes para que tengan un momento contemplativo en privado.

EXPERIENCIAS

Rendir tributo a Tintoretto en Madonna dell'Orto

IGLESIA

PLANO: 1 P. 110 **F2**

El pintor más prolífico de Venecia está enterrado en su iglesia parroquial, la **Chiesa della Madonna dell'Orto,** al norte de la Fondamenta della Misericordia, junto a sus hijos artistas, Domenico y Marietta. Tras presentar los respetos, se recomienda mirar hacia arriba: Tintoretto pintó 10 amplios lienzos para esta iglesia enorme.

La *Presentación de María* (a la derecha, sobre la tumba familiar) es un ejemplo brillante de su extraordinario dominio del color y del movimiento. Muy cerca hay obras de Tiziano, Palma il Giovane y Cima da Conegliano.

Surcar las aguas con Row Venice

REMO

PLANO: 2 P. 110 **F3**

Todos esos grandes *palazzi* se construyeron para ser vistos desde el agua. El viajero puede sentirse gondolero con una clase privada de **Row Venice.** Las clases privadas de 80 min de *voga alla veneta* (remo de pie a la veneciana), que salen de la Sacca della Misericordia, llevan por los tranquilos y anchos canales de Cannaregio. Puede dar mucha sed, así que es interesante reservar la opción más larga, **Cicchetto Row,** que dura 135 min e incluye paradas en bares por el camino.

Si lo que se busca es algo especial, nada mejor que un paseo nocturno por el Gran Canal, con los *palazzi* iluminados a ambos lados.

Beber en Fondamenta della Misericordia

RUTA DE BARES

PLANO: 3 P. 110 **E3**

En Venecia claramente no se puede conducir bajo los efectos del alcohol, de modo que esta **zona de bares** resulta especialmente bulliciosa.

El canal Rio della Misericordia atraviesa el Cannaregio en dirección este desde el gueto, y las anchas aceras que dan al agua están repletas de bares. Casi todos sirven *cicchetti,* así que se puede llenar el estómago antes de ir al siguiente. No

BIENVENIDOS A VENECIA

Tanto si se llega en tren como en coche o en autobús, de camino hacia el centro, Cannaregio constituye la primera experiencia de Venecia. Empezando en el Ponte della Costituzione, en Piazzale Roma, una calle larga va más allá de la estación de tren hasta Rialto, donde empieza San Marco. Este paseo de 2 km (30 min) pasa por *palazzi* fabulosos (como **Ca' d'Oro;** p. 120), bares (**Il Santo Bevitore;** p. 113) y numerosas tiendas. Desviándose un par de manzanas de la calle principal se puede atravesar el gueto judío y recorrer los bares de la **Fondamenta della Misericordia** para probar los *cicchetti* (tapas venecianas).

hay que perderse **Al Timon** (p. 113), donde se puede beber en un barco amarrado en el canal (popular entre los estudiantes), **Vino Vero** (p. 123), conocido por sus vinos naturales, y **Ae Bricoe** (p. 113), que tiene unos *cicchetti* excelentes. La mezcla de lugareños y turistas, hace que sea una auténtica noche veneciana.

Sentir el amor por Venecia en Ca' d'Oro

MUSEO

PLANO: 4 P. 110 **F5**

Nadie amaba Venecia como Giorgio Franchetti. El barón compró la florida **Casa de Oro** en el Gran Canal en 1894, y durante las tres décadas siguientes antes de su muerte prematura la restauró meticulosamente para devolverle su esplendor gótico original.

Hoy es uno de los **museos** más bonitos de la ciudad, con obras de arte que Franchetti recuperó del pillaje que la invasión napoleónica realizó en las iglesias de Venecia. Destacan el *San Sebastián* de Mantegna, las esculturas sorprendentemente reales de cardenales de Bernini, y la *Venus del espejo* de Tiziano. Los balcones ofrecen vistas del Gran Canal y el mercado de Rialto. A destacar el suelo de mosaico del atrio, obra de Franchetti.

En el momento de escribir estas líneas, el museo estaba en obras de restauración (la 1ª planta permanecerá cerrada hasta el 2026), pero las obras cambian de lugar para poder exhibir lo más destacado. Vale la pena dedicarle un par de horas.

Creatividad en Fallani Venezia

TALLER DE ARTE

PLANO: 5 P. 110 **G4**

Venecia inspira creatividad. ¿Qué mejor manera de aprovecharlo que con un **taller de serigrafía** de una familia de artesanos?

Fiorenzo Fallani trabajó con los mejores artistas italianos en su taller junto a Fondamente Nove. Hoy, su hijo Gianpaolo ofrece talleres (entre 1 h y 1 día). Se estampan bolsas de tela o camisetas, un recuerdo precioso de Venecia.

Levantar la mirada en Sant'Alvise

IGLESIA

PLANO: 6 P. 110 **D2**

Desde fuera, esta sencilla **iglesia** de ladrillo situada en una tranquila zona residencial parece precisamente eso: sencilla. Pero al entrar, se comprueba que no lo es en absoluto. El increíble techo en trampantojo del s. XVII es obra de Pietro Ricchi, pintado para crear la ilusión de un *palazzo* neoclásico mágico que sirve de escalera hacia el cielo. No hay que perderse la conmovedora *Salita al Calvario* (Camino al Calvario) de Tiepolo.

Ver una joya renacentista: Santa Maria dei Miracoli

IGLESIA

PLANO: 7 P. 110 **H6**

Esta pequeña **iglesia** encajonada entre un canal y un *campo* (plaza) cerca del borde de Castello está revestida de mármol por dentro y por fuera. Es una muestra singular de arquitectura renacentista pura en Venecia. Fue terminada en 1489 por Pietro y Tullio Lombardo. Combina la limpia geometría florentina con el amor de los laguneros por la ostentación, con paneles de mármol veteados en tonos crema, grises y amarillos pálidos que crean un efecto de tapiz.

Sorprende por su sobriedad gracias a sus reducidas dimensiones, y es un lugar hermoso y meditativo.

Festival de mármol en I Gesuiti

IGLESIA

PLANO: 8 P. 110 **H4**

No, no son paredes revestidas de damasco, a pesar de los motivos floridos. Esta es la **iglesia** más extravagante de Venecia. Está totalmente revestida de mármol tallado para formar "tapices" en trampantojo, "cortinas" con borlas colgadas alrededor del púlpito e incluso una "alfombra" que se desenrolla hacia el altar.

Esta iglesia profusamente decorada en el s. XVIII es un ejemplo perfecto de ostentación rococó, que contrasta con Santa Maria dei Miracoli. Ni siquiera *El martirio de san Lorenzo* de Tiziano de una capilla lateral puede competir.

Ver la puesta de sol en Fondamente Nove

PASEO POR LA LAGUNA

PLANO: 9 P. 110 **G3**

Dice un viejo adagio que hay que perderse por las callejuelas de Venecia, pero, en realidad, una de las mejores maneras de entender esta ciudad extraordinaria es pasear por las *fondamente:* los largos y anchos paseos junto al agua que recorren la laguna.

Fondamente Nove, en el lado norte, es la menos concurrida. Es un espacio donde la ciudad se funde con la salvaje laguna norte, con vistas espectaculares de la isla cementerio de San Michele, Murano y Burano flotando a lo lejos, y los Dolomitas al fondo.

Un paseo tranquilo dura unos 20 min. Se recomienda parar en uno de los bares junto al concurrido embarcadero del *vaporetto* para contemplar la puesta de sol sobre las montañas, que tiñe la laguna de rosa salmón.

CIUDAD DE LOS MUERTOS

Desde Fondamente Nove se ve la isla cementerio de **San Michele,** dominada por sus fúnebres cipreses. Napoleón la designó como el cementerio de la ciudad, pero muchos venecianos de antes y después de él están enterrados en otros lugares. Las cenizas de Giorgio Franchetti descansan bajo una columna de pórfido en el **patio de Ca' d'Oro,** las de Tintoretto en su capilla de la **Madonna dell'Orto** y las de Tiziano en **I Frari.** El cuerpo de Marco Polo nunca se encontró, aunque se cree que fue enterrado en la iglesia de San Lorenzo in Castello, hoy convertida en espacio de exposiciones temporales.

SUGERENCIAS

Lo mejor para...

Localizaciones en el plano de la **p. 110**

€ Económico €€ Medio €€€ Alto

Comer

Comida barata

Orient Experience €
10 D3
En este restaurante regentado por refugiados se sirve un sinfín de platos, desde griegos hasta afganos. Cada receta es de su tierra natal o de un lugar por el que pasaron en su viaje. *12.00-23.00*

Clásicos de la laguna

Osteria L'Orto dei Mori €€€
11 E3
Platos mediterráneos modernos con ingredientes de la laguna. Los protagonistas son el pescado y el marisco. El entorno es magnífico, en el tranquilo campo donde vivió Tintoretto. *19.00-23.00 lu y ju-do, y 12.30-15.00 sa y do*

Venetika €€
12 D3
Una magnífica incorporación a la oferta de Cannaregio, con pescado y marisco fresco, verduras ecológicas, pasta hecha con semillas "antiguas" e ingredientes con el sello *slow food. 12.00-14.30 y 19.00-22.30 mi-lu*

Vini da Gigio €€€
13 F4
Una enorme bodega de vinos que acompaña platos venecianos y vénetos. La mayoría de los ingredientes se cultivan en la laguna y alrededores. El pescado y el marisco son sensacionales. *12.00-14.30 y 19.00-22.30 mi-do*

Herencia judía

Ba'Ghetto €€
14 D3
Ba'Ghetto, nacido en el barrio judío de Roma, sirve recetas romano-judías en un edificio histórico de Campo del Ghetto Nuovo, con un bonito jardín junto al canal. También dan clases de cocina *kosher. 11.30-23.00 do-ju, 11.30-15.00 vi, 19.30-23.00 sa*

Gam Gam €€
15 C3
En el último edificio del barrio judío, con vistas al canal de Cannaregio. Este restaurante *kosher* sirve la que quizá sea la mejor comida vegetariana de Venecia, así como clásicos judíos e israelitas. *12.00-22.00 do-ju, 12.00-15.00 vi, 19.00-22.30 sa*

Hamburguesas con estilo

Marciano Pub €€
16 D3
Hamburguesas enormes, además de filetes y boles *poke*, junto a cerveza artesanal, vino, y ginebra. Se recomienda conseguir una mesa en el balcón que da al canal. *18.00-1.00*

Beber

Copas con estilo

Sullaluna
17 F3
Un bar en una librería, con *cicchetti* vegetarianos y veganos y platos más grandes. Sirven su propio *prosecco*, con diferentes agujas. *9.00-21.00 do-ju, hasta 22.00 sa y do*

Vino Vero

18 F3

Aquí "vino de verdad" significa natural, muy lejos de las *ombre* baratas que se encuentran por toda la ciudad. Incluso en invierno, hay media docena de blancos y tintos por copas. Para acompañar con delicados *cicchetti* (como trozos de queso con pétalos de flores). *12.00-24.00 ma-do, desde 17.00 lu*

'Spritz' con vistas

Bar Cupido

19 H4

Este sencillo y acogedor bar de Fondamente Nove es uno de los favoritos de los lugareños, encantador para contemplar la puesta de sol. Los *tramezzini* y las *pizzas* están buenísimos. *5.30-22.00*

Dosis de café

Torrefazione Cannaregio

20 D3

Solo hay un remedio para una noche en la Fondamenta della Misericordia: una mañana en este tostadero de café de tercera generación. Se elige la mezcla y se acompaña con un cruasán vegano. En verano hay que probar la *granita di caffè* (granizado de café con nata montada). *8.00-13.00 lu-vi, 8.00-15.00 sa, 9.00-16.00 do*

Comprar

Buenos artesanos

Codex Venezia

21 D3

Nelson Kishi es un artesano solitario entre los bares de la Fondamenta della Misericordia. Sus hermosas acuarelas y grabados de Cannaregio son ideales para llevar en la maleta. *9.30-13.00 y 16.00-19.30 lu-vi, 9.30-12.30 sa y do*

Gianni Basso

22 H5

Tarjetas de visita de Venecia ideales para hacer contactos en la Bienal. Gianni Basso hace tarjetas, papel de carta con membrete, exlibris y mucho más en su pequeño taller cerca de la iglesia de I Gesuiti. *9.00-13.00 y 14.00-18.00 lu-vi, 9.00-12.00 sa*

Marina de Grandis

23 H6

Marina continúa la rica tradición de la encuadernación veneciana en su taller cerca de la frontera de Castello, diseñando, cortando y cosiendo cuadernos, bolsos y carteras de cuero de alta calidad (además de restaurar libros antiguos). *11.00-19.00 lu-sa*

Plum Plum Creations

24 D3

Arianna Sautariello utiliza métodos de grabado históricos para crear estampas artesanales únicas en su estudio de la Fondamenta degli Ormesini. *11.00-14.00 y 17.00-20.00 lu-sa*

Antigüedades venecianas

Antichità al Ghetto

25 C3

Desde mapas centenarios hasta jarrones de cristal de Murano, candelabros y joyas relucientes. Se autodescribe como un *canton de le maravegie*, una especie de gabinete de maravillas. Basta con entrar para entender por qué. *9.30-18.00 lu-sa*

Delicias ecológicas

I&S Farm

26 F5

En la tienda central de la granja ecológica de Ilaria y Savino en Sant'Erasmo hay verduras recién recolectadas, miel de la laguna y deliciosos patés, cremas y pestos de producción propia. Como para llenar la maleta. *8.30-13.30 y 16.00-19.30 ma-vi, 8.30-13.30 sa*

Sugerencias de lugares para comer, beber y comprar en **p. 138**

Explora
Castello

Castello, el extremo oriental en forma de cola de pez de Venecia, comparte con Cannaregio la Fondamente Nove, y añade la espectacular Riva degli Schiavoni de San Marco. El mayor *sestiere* (distrito) de la ciudad tiene mucho que ofrecer, desde iglesias llenas de arte como San Zaccaria o San Francesco della Vigna hasta el imponente Arsenale, antiguo astillero convertido en sede de la Bienal, cerca de los Giardini Pubblici. La zona que rodea Zanipolo es uno de los espacios abiertos más espectaculares de Venecia. Junto a museos de primer orden como la Fondazione Querini Stampalia, hay tranquilos barrios residenciales e iglesias poco visitadas, así como bares y restaurantes acogedores, sobre todo en Via Garibaldi. Si el viajero busca la auténtica Venecia, la encontrará aquí.

Cómo desplazarse

'Vaporetto'

Los *vaporetti* recorren la Riva degli Schiavoni, conectando San Zaccaria con el resto de la ciudad. Esto significa que se puede ir desde Castello hasta el Lido, Piazzale Roma, la estación de tren o el Gran Canal. Otras rutas rodean la cola de pez hasta la parte norte de Castello.

A pie

Al no haber *traghetti* (ferris), la otra opción de transporte es caminar. Todos los puentes de la Riva degli Schiavoni tienen rampas, por lo que es uno de los *sestieri* más fáciles para las personas con problemas de movilidad.

Palazzo Grimani (p. 134).
POLUDZIBER/SHUTTERSTOCK ©

★

LO MEJOR

Mezclarse con la élite artística de la Bienal paseando por el **ARSENALE** (p. 130).

Tomar algo en el encantador **CAMPO SANTI GIOVANNI E PAOLO** (p. 132).

Disfrutar de las vistas del Bacino di San Marco en un paseo por la **RIVA DEGLI SCHIAVONI** (p. 133).

Capturar la Venecia auténtica en el *tour* fotográfico **CASTELLO PHOTO TOUR** de Stefano Mazzola (p. 137).

A
B
C
D
1
2
3
4
5
6
Chiesa di San Lazzaro dei Mendicanti
Scuola Grande di San Marco
Campo Santi Giovanni e Paolo
Zanipolo
Saliz S Zanipolo
24
C Bressane
Rio di S Lio
Rio di San Marina
C del Dose
Campo Santa Marina
C Pindemonte
Barbaria de le Tole
C de le Capucine
Rio di Santa Giustina
C San Francesco
C Zon
Rio di San Francesco
C d Tedeum
29
C Carminati
Campo San Lio
C Mondo Novo
Saliz San Lio
Fond dei Preti
Campo Santa Maria Formosa
C Lunga Santa Maria Formosa
C de l'Ospedale
Rio de la Tetta
Campo de la Fava
20
15
Palazzo Grimani
4
Borgoloco San Lorenzo
CASTELLO
Campo San Lorenzo
Rio di San Lorenzo
Corte Nova
Chiesa di Santa Maria Formosa
10
Fondazione Querini Stampalia
Ruga Giuffa
Rio di San Severo
Scuola Dalmata di San Giorgio degli Schiavoni
7
C de la Guerra
C dei Specchieri
C de la Madonna
C Lion
C dei Furlani
Fond dei Furlani
Museo delle Icone
11
18
32
23
16
C Fiubera
C d Figher
C d Chiesa
C d Corona
22
30
6
Ca' del Sol
12
Saliz dei Greci
31
C de l'Arco
17
Chiesa di San Giorgio dei Greci
Muranero
2
C d Selvadego
Servicio de góndola
Saliz San Provolo
25
Campo San Zaccaria
3
Campo Bandiera e Moro
Piazza San Marco
C dei Albanesi
C delle Rasse
Rio del Vin
Chiesa di San Zaccaria
Rio dei Greci
Rio de la Pietà
Chiesa di San Giovanni in Bragora
8
19
SAN MARCO
Hotel Danieli
9
Riva degli Schiavoni
San Zaccaria A
Rio dei Giardinetti
Giardini Reali
San Zaccaria
San Zaccaria C/D
San Zaccaria B
1
Riva degli Schiavoni
Cllo de la Pescaria
San Marco Giardinetti
Bacino di San Marco
San Giorgio Maggiore
Campo San Giorgio
Isola di San Giorgio Maggiore

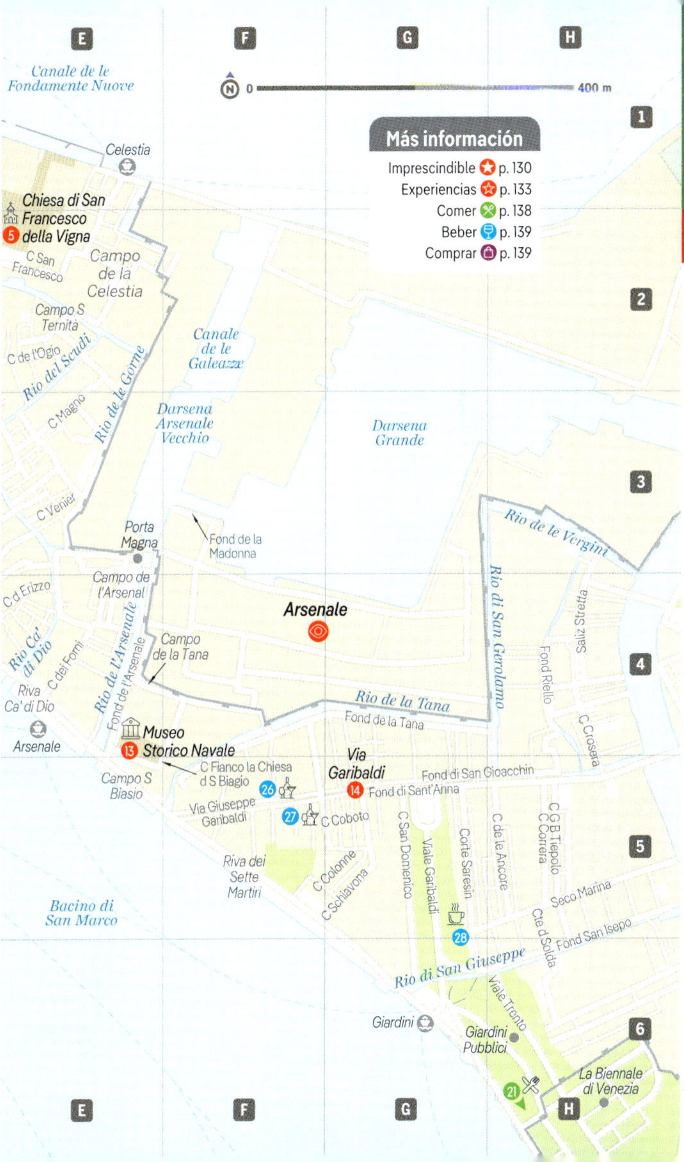
E
F
G
H
1
2
3
4
5
6
0
400 m
Canale de le Fondamente Nuove
Más información
Imprescindible p. 130
Experiencias p. 133
Comer p. 138
Beber p. 139
Comprar p. 139
Celestia
Chiesa di San Francesco della Vigna
5
C San Francesco
Campo de la Celestia
Campo S Ternità
C de l'Ogio
Rio del Scudi
Rio de le Gorne
C Magno
Canale de le Galeazze
Darsena Arsenale Vecchio
Darsena Grande
C Venier
Porta Magna
Fond de la Madonna
Campo de l'Arsenal
C d Erizzo
Rio Ca' di Dio
C dei Forni
Rio de l'Arsenale
Fond de l'Arsenale
Campo de la Tana
Arsenale
Rio de le Vergini
Rio di San Gerolamo
Saliz Stretta
Fond Riello
Riva Ca' di Dio
Arsenale
Museo Storico Navale
13
Rio de la Tana
Fond de la Tana
C Crosera
C Fianco la Chiesa d S Biagio
Campo S Biasio
26
Via Garibaldi
Fond di San Gioacchin
14
Fond di Sant'Anna
Via Giuseppe Garibaldi
27
C Coboto
C San Domenico
Viale Garibaldi
Corte Saresin
C de le Ancore
C G B Tiepolo
C Correra
Riva dei Sette Martiri
C Colonne
C Schiavona
Seco Marina
Bacino di San Marco
28
Cte d Solda
Fond San Isepo
Rio di San Giuseppe
Viale Trento
Giardini
Giardini Pubblici
21
La Biennale di Venezia
E
F
G
H

CIRCUITO A PIE

Descubrir Castello

El mayor *sestiere* de Venecia lo tiene todo: grandes *palazzi* y hoteles, el paseo marítimo más emblemático de la ciudad, callejuelas laberínticas y el gigantesco Arsenale, que ha pasado de astillero a centro artístico. Mucho menos concurrido que San Marco o San Polo, es la auténtica Venecia en todo su complicado esplendor.

INICIO	FINAL	DURACIÓN
Hotel Danieli	Riva degli Schiavoni	2,8 km; 90 min

1 Tomar algo

Se empieza en el **Hotel Danieli** con una copa en su **Bar Dandolo,** cuyos lujosos sillones ocupan el salón delantero del s. XIV de los antiguos dux de la familia Dandolo. Aquí más de uno se preguntará por qué la mayoría de los visitantes se apiñan en el *sestiere* de San Marco.

2 Ir bajo tierra

Entrar desde la Riva degli Schiavoni para admirar el arte que ocupa al completo las paredes de la **Chiesa di San Zaccaria,** y bajar a la cripta semiinundada, donde los dux muertos yacen en sus tumbas rodeadas de agua.

3 Retroceder en el tiempo

Se sigue hacia el "interior" y se cruza el canal para ir a la tienda de máscaras **Ca' del Sol.** Se entra para comprar una escultura tallada a mano de una *fórcola* (escálamo) de **Paolo Brandolisio.** Luego se sigue por un callejón que se convierte en Ruga Giuffa. Se da una vuelta por el **Palazzo Grimani,** que puede hacer retroceder unos cuantos siglos.

4 Paseo fotográfico

Los canales y callejones de esta zona son de los más evocadores. No hay que perderse la Porta Blu, una puerta azul descascarillada bordeada por un arco gótico tallado en el callejón junto al Palazzo Grimani. Muy cerca está la **Libreria Acqua Alta,** una fotogénica librería cuyos libros se amontonan en estanterías, bañeras y una góndola... e incluso se pudren en el exterior.

5 Ruinas románticas

Se continúa hacia Zanipolo desde Acqua Alta, donde aparece, cruzando un puente, el Palazzo Tetta, ruinas de una antigua mansión que se hunde en el agua en una isla con forma de daga. Es gloriosamente romántico.

6 Belleza rodeada por foso

Se recorre la calle principal, Barbarie de le Tole, alrededor de la **Chiesa di San Francesco della Vigna,** y se recorren tranquilos callejones hasta llegar a Campo de le Gorne: la primera vista de las imponentes murallas del **Arsenale** a través del canal en forma de foso. Se da la vuelta para llegar a la **Porta Magna** y al puente panorámico.

7 Volver al agua

Se sigue rodeando el Arsenale y se atraviesa la Corte Nuova, con ropa colgada a secar en la calle, hasta llegar a Via Garibaldi. Desde allí, se sigue en dirección a los **Giardini Pubblici** hasta la orilla de la **Riva degli Schiavoni.**

★ IMPRESCINDIBLE

Arsenale y la Bienal

La verdadera sede del poder en tiempos de La Serenissima (República de Venecia) no era San Marco sino el Arsenale, el gigantesco astillero donde se podía construir un galeón en tan solo tres días, lo que otorgaba a Venecia la soberanía sobre el Adriático. Actualmente, es la espectacular sede de la Bienal de Venecia, junto con los cercanos Giardini Pubblici.

PLANO: P. 126 **F4**

CONSEJO
El complejo del Arsenale solo está abierto a los visitantes cuando hay eventos, así que hay que planificar la visita entre mayo y noviembre para verlo durante la Bienal (dedicada un año a la arquitectura y otro al arte).

Escanea este código QR para precios, horarios y demás.

La Biennale di Venezia

Actualmente, el Arsenale es una zona naval, accesible al público solo cuando acoge eventos. El más conocido es la **Bienal,** que suele celebrarse de abril/mayo a noviembre, alternando entre arte (años pares) y arquitectura (años impares).

Aunque al viajero no le guste el arte, vale la pena pagar la entrada para ver el espacio: las exposiciones se distribuyen entre los amplios talleres y astilleros, incluida la gigantesca **Corderia** (fábrica de cuerdas) y las **Gaggiandre** (muelles semicubiertos diseñados por Jacopo Sansovino). Es una experiencia alucinante. Se recomiendan las visitas oficiales de 1 h a los puntos más destacados de la Bienal.

Porta Magna

Si el complejo está cerrado durante la visita, al menos hay unas vistas increíbles desde la puerta principal, la **Porta Magna,** al final de un amplio canal procedente de la Riva degli Schiavoni. El puente sobre el canal ofrece vistas del Arsenale, con su inmenso puerto para los barcos atracados y los gigantescos almacenes que lo rodean.

A la izquierda, la entrada peatonal está custodiada por cuatro enormes esculturas de leones, que probablemente sean antiguas estatuas griegas robadas por La Serenissima. El león más grande,

FEDERICO NERI/SHUTTERSTOCK ©

a la izquierda, tiene un lazo de incisiones en el hombro: una inscripción rúnica ilegible, tallada por un vikingo del s. XI de paso por Atenas.

Giardini Pubblici

Se rodea el Arsenale por el Ramo de la Tana: es posible hacerse una idea de la enormidad del complejo desde el puente que cruza el Rio de la Tana, que sirve de foso al Arsenale.

Un corto paseo por Via Garibaldi lleva a los **Giardini Pubblici.** Originalmente no tenían nada que ver con el Arsenale (el parque fue fundado por Napoleón para dotar a la ciudad de un poco de espacio verde), pero hoy es la otra mitad del espacio de la Bienal. En el parque hay 29 pabellones, diseñados por artistas de la talla de Alvar Aalto, que exhiben las obras de sus países residentes durante los meses de la Bienal (es decir, más de la mitad del año).

UNA PAUSA
Uno se siente vigilado por esos grandes leones mientras toma *cicchetti* (tapas) en el **Bar Arsenale,** con mesas al aire libre junto a la Porta Magna.

★ IMPRESCINDIBLE

Campo Santi Giovanni e Paolo

La gran plaza principal de Castello se encuentra entre la salvaje laguna norte y los canales impecables que dan a Piazza San Marco. Es todo un barrio, que alberga una interesante iglesia, cafeterías, monumentos y el que quizá sea el hospital más hermoso del mundo.

PLANO: P. 126 **B1**

CONSEJO
Se puede pasar un par de horas viendo los monumentos, tras comer unos *tramezzini* (sándwiches triangulares) de la veterana cafetería **Rosa Salva.**

Escanea este código QR para precios, horarios y demás.

Basilica Santi Giovanni e Paolo

Zanipolo, como lo llaman los venecianos, es un enorme granero gótico que data del s. XIII, cuya sencilla fachada de ladrillo oculta el espectacular interior, repleto de tumbas y monumentos a dux y a almirantes temibles.

Las obras de arte constituyen una colección de los mejores artistas de Venecia, de Bellini a Veronese. En el exterior hay otra obra maestra: la **estatua** de bronce del mercenario Bartolomeo Colleoni, obra del renacentista florentino Verrocchio.

Scuola Grande di San Marco

El espléndido edificio revestido de mármol de al lado parece otra iglesia, pero es el glorioso hospital de la ciudad (antigua **Scuola Grande di San Marco**). Los visitantes pueden subir al vestíbulo principal, con un atractivo artesonado dorado y azul. Hay una colección algo espeluznante de instrumentos médicos antiguos; quizá sea mejor centrarse en los dos cuadros de Tintoretto y su hijo Domenico.

Chiesa di San Lazzaro dei Mendicanti

La **iglesia** del hospital, abierta al público por una entrada junto al canal, tiene obras de Tintoretto y Veronese. También está el enorme monumento funerario barroco del almirante Alvise Mocenigo, esculpido rodeado de batallas, con caballos y galeones saliendo de la piedra hacia el visitante.

EXPERIENCIAS

Pasear por la Riva degli Schiavoni

PASEO JUNTO AL AGUA

PLANO: 1 P. 126 **D4**

Algunas ciudades tienen bulevares. Venecia tiene largos paseos junto a la laguna, con vistas de ensueño a cada paso. El más famoso de todos es el amplio **paseo** que va de Piazza San Marco hasta el extremo oriental del centro de la ciudad.

Se tarda media hora en recorrerlo, pero se recomienda dedicarle al menos el doble de tiempo para hacer fotos y maravillarse con las vistas. También se le puede dedicar un día entero, y de paso visitar el barrio de Castello.

A partir de Piazza San Marco, a la derecha se encuentra el Bacino di San Marco (cuenca de San Marco), que empieza con Giudecca y San Giorgio Maggiore y sigue hasta San Servolo y el Lido. A la izquierda, los canales atraviesan Castello. Se ve todo, desde el Puente de los Suspiros y la torre de San Giorgio dei Greci hasta las grandes puertas del Arsenale.

Se sigue el paseo hasta el frondoso parque de Sant'Elena, frente al Lido, con una pausa en un banco a la sombra de los árboles.

Aprender sobre el vidrio con Muranero

VIDRIO SOPLADO

PLANO: 2 P. 126 **D3**

En lugar de los vasos, jarrones y baratijas que se ven por la ciudad, Moulaye Niang se concentra en las *perle:* cuentas y esferas sopladas a mano. Cada una de ellas es una obra de arte, que se combina con otras para crear joyas.

Ofrece clases de fabricación de vidrio en su taller-*boutique* **Muranero,** junto a la Riva degli Schiavoni. En 1 h, el visitante puede elegir qué hacer (una perla, unos pendientes, una pulsera), escoger los colores y crearlo juntos (incluso soplar el vidrio), para luego llevarse a casa la creación.

Moulaye venera el vidrio casi como un ser vivo. Esta experiencia íntima, lejos del lado turístico de Murano, es una introducción a su mundo.

Ir bajo tierra en San Zaccaria

IGLESIA

PLANO: 3 P. 126 **C3**

Esta infravalorada iglesia escondida detrás de la Riva degli Schiavoni está repleta de pinturas de los grandes, desde Tintoretto y Van Dyck hasta el enorme retablo *Sacra Conversazione* de Bellini.

Aquí se viene a descender al inframundo: la cripta del s. IX donde están enterrados nada menos que ocho dux. Suele estar semiinundada, y es un inquietante recordatorio de que, tarde o temprano, la laguna acabará llegando a Venecia. También hay restos de los primeros mosaicos de la iglesia y frescos del s. XV en las capillas laterales de camino a la cripta.

Descubrir el evocador Palazzo Grimani — MUSEO

PLANO: 4 P. 126 **B2**

Los cinéfilos lo reconocerán como el *palazzo* abandonado en el que Donald Sutherland se enfrenta a un destino espeluznante en el *thriller* de 1973 *Amenaza en la sombra.* Hoy es un museo, pero la sensación de vacío sigue presente: las salas están desprovistas de muebles, los frescos se han medio desprendido de las paredes y tres retratos de Tintoretto cuelgan sin enmarcar. Esa inquietante sensación de cápsula del tiempo es lo que se busca. Eso... y las exposiciones que se celebran en la planta superior.

No hay que perderse la **Sala a Fogliami,** cuyo techo fue pintado al fresco con plantas, cultivos y pájaros en la década de 1560 (incluidos el maíz y el tabaco del Nuevo Mundo), como tampoco la **Tribuna,** repleta de estatuas clásicas.

Ver la Virgen de San Francesco della Vigna — IGLESIA

PLANO: 5 P. 126 **E2**

Con una fachada de Palladio y un Campanile en miniatura, esta **iglesia** imponente es como un pequeño San Marco. Se encuentra en una tranquila zona residencial, cerca del hospital.

En el interior, más allá de las ampulosas capillas esculpidas y junto al tranquilo claustro, hay una gloriosa *Virgen con el Niño* de Bellini, pero incluso esta obra se ve superada por la pintura de un relativo desconocido: Antonio da Negroponte, cuya *Virgen con el Niño* de 1455 está sentada con su capa dorada en un trono floreado con escalones de mármol y pájaros picoteando las flores.

Hacer máscaras en Ca' del Sol — TALLER DE MÁSCARAS

PLANO: 6 P. 126 **C3**

En 1979, Hamid Seddighi llegó a Italia desde Irán para estudiar arquitectura en Roma, pero le bastó un viaje a Venecia para darse cuenta de que su vocación era muy distinta: quería ser fabricante de máscaras venecianas.

En su **taller,** detrás de San Zaccaria, ofrece clases de 3 h en las que se elige una máscara de papel maché hecha a mano y se decora,

EL MISTERIO DE MARCO POLO

Castello era conocido por sus comunidades de inmigrantes del Adriático y más allá; aquí se asentaron griegos y eslavos. De ahí la iglesia de **San Giorgio dei Greci** (p. 136), la **Scuola Dalmata** y la **Riva degli Schiavoni** (p. 133). Un detalle curioso es que Marco Polo pidiera en su testamento ser enterrado en la iglesia de San Lorenzo, cerca de la Scuola Dalmata. Muchos lo utilizan como prueba de su teoría de que era de Korčula, en la actual Croacia, aunque eso es mejor no mencionárselo a un veneciano.

inspirándose en los miles de máscaras que cuelgan alrededor.

Vivir el Renacimiento en la Scuola Dalmata di San Giorgio degli Schiavoni SCUOLA

PLANO: 7 P. 126 **D3**

El tamaño no importa en esta **'scuola'** (cofradía religiosa) pequeña pero maravillosa entre el barrio griego y San Francesco della Vigna, fundada por la población eslava *(schiavoni)* de la ciudad en 1451.

A pesar de sus modestas dimensiones (solo una pequeña sala arriba y otra abajo), está a la altura de San Rocco gracias a su extraordinario ciclo de pinturas de Vittore Carpaccio. Sus nueve pinturas de las vidas de san Jorge, san Trifón y san Jerónimo están llenas de detalles cotidianos, desde loros picoteando flores y un perro atado a una palmera hasta el pánico de los monjes ante un león manso.

Las pinturas de la planta superior son igual de fascinantes. Aunque no son de artistas famosos, incluyen instantáneas de los lugares de procedencia de la comunidad, como Zadar y Rab (en la actual Croacia). Se recorren en cuestión de minutos, pero se les puede dedicar más tiempo para admirar los detalles.

A solas con el arte en San Giovanni in Bragora IGLESIA

PLANO: 8 P. 126 **D4**

Tras esquivar a los grupos de niños que juegan en el soleado Campo Bandiera e Moro, se llega a esta **iglesia** encantadora y poco visitada. El compositor Antonio Vivaldi fue bautizado aquí (se ve la pila bautismal al fondo). Detrás del altar está el *Bautismo de Cristo* de Cima da Conegliano, un pintor renacentista infravalorado (al menos por los visitantes) que inyectaba detalles de su Véneto natal en cada cuadro. En este caso, son los escarpados Dolomitas que apuntan al cielo tras las nubes llenas de querubines.

Una copa en el Hotel Danieli BAR

PLANO: 9 P. 126 **B4**

En la planta baja del **Hotel Danieli** está el Bar Dandolo (p. 139). Además de tener unas ventanas que impiden las miradas indiscretas, el salón apenas ha cambiado desde el s. XIV, cuando formaba parte del Palazzo Dandolo, sede de una familia de la que salieron cuatro dux.

El gran vestíbulo tiene columnas que sostienen un techo artesonado y dorado, lámparas de cristal de Murano multicolores y alfombras de valor incalculable colgadas sobre el suelo de *terrazzo*. Esto es Venecia en todo su esplendor.

Admirar arte en la Fondazione Querini Stampalia MUSEO

PLANO: 10 P. 126 **B2**

Uno de los lugares culturales más fascinantes de Venecia se encuentra a 10 min a pie de Piazza San Marco. Es **museo, galería, biblioteca, archivo y refugio de modernidad** en un palacio del s. XVI. Fue legado

EL MODERNIZADOR DE VENECIA

A primera vista, no hay lugar para la arquitectura moderna en esta ciudad anclada en el pasado. Pero el arquitecto Carlo Scarpa (1906-1978) estaba decidido a trabajar en su ciudad natal. Sus edificios, repartidos por toda Venecia, nunca llaman la atención: el **Negozio Olivetti** (p. 48) apenas se ve entre la pompa de Piazza San Marco. Sin embargo, destacan por sus líneas sencillas y limpias y por su innovadora relación con la *acqua alta* (marea alta). Scarpa trabajaba con las mareas y no en contra de ellas, sustituyendo las barreras por espacios abiertos que permitían que el agua entrara y saliera. Su ala de la planta baja de la **Querini Stampalia** (p. 135) es un ejemplo perfecto.

a la ciudad en 1868 por el conde Giovanni Querini Stampalia con una condición: que fuera accesible a todos. Y así es. Los estudiantes se agrupan en torno al puente de la entrada, los lugareños se sientan a tomar algo en el jardín de inspiración japonesa diseñado por Carlo Scarpa, y los turistas suben a ver las obras de arte.

El museo fue reformado en el 2022 para contextualizar las obras y el propio *palazzo,* por lo que hay paneles informativos sobre matrimonios concertados junto a los retratos de marido y mujer de Palma il Vecchio, o sobre la homofobia en La Serenissima en una sala de arte homoerótico. La *Presentación en el Templo* de Bellini es el atractivo principal, así como el ala de la planta baja de Scarpa, de 1963, donde el agua del canal cubre el suelo.

Arte griego en el Museo delle Icone MUSEO

PLANO: 11 P. 126 **C3**

En tiempos de la República, Venecia albergaba prósperas comunidades extranjeras. Al pasear por la Riva degli Schiavoni, si se mira a la izquierda dos canales después del Puente de los Suspiros, se ve el campanario con cúpula de cebolla de la **Chiesa di San Giorgio dei Greci** (PLANO: 12 P. 126 **C3**), la iglesia griega que se inclina hacia el agua. Está decorada con mosaicos y se construyó en 1514 por decreto del dux; se pueden ver los papeles en el **Museo delle Icone,** al lado.

En una sala hay un centenar de iconos de la época medieval en adelante. No solo son hermosos, sino que también cuentan la historia del imperio veneciano, como los artistas que enviaron obras desde Creta y Constantinopla o las anotaciones en árabe en un libro del s. XIV que mitifica a Alejandro Magno.

Admirar barcos en el Museo Storico Navale MUSEO

PLANO: 13 P. 126 **E4**

Este **museo** poco convencional hará las delicias de los amantes de los barcos. Se encuentra en la Riva degli Schiavoni, a las afueras del Arsenale. Su alborotada colección marítima incluye colosales lámparas de barco del s. XVI, mascarones de proa de galeones renacentistas, pinturas del s. XVII de marineros que creían que la Virgen María les había salvado de ahogarse, e incluso la antigua góndola de Peggy Guggenheim. Si al viajero le interesa el dominio de Venecia sobre los mares, no puede perderse este museo.

Pasear por Via Garibaldi RUTA DE BARES

PLANO: 14 P. 126 G5

Quien vaya en busca de la Venecia "moderna" la encontrará aquí: la parte oriental de Castello se urbanizó en el s. XIX (porque, claro, aquí "moderno" es otra cosa).

Via Garibaldi se creó en 1807 cubriendo un canal. Hoy está llena de bares y restaurantes muy apreciados por los lugareños. A mitad de camino se encuentra el monumento a Giuseppe Garibaldi, al principio de los Giardini Pubblici (parte de los jardines trazados por Napoleón como primer espacio verde de la ciudad). Es ideal para dar un agradable paseo y picar unos *cicchetti*. **La Barrique** (p. 139) y **El Rèfolo** (p. 139) ofrecen aperitivos de lujo y vino local por copas.

Retablo femenino en Santa Maria Formosa IGLESIA

PLANO: 15 P. 126 B2

Al norte del Palazzo Ducale se encuentra Campo Santa Maria Formosa, una de las plazas más animadas de Venecia. Hay bares, puestos de fruta y verdura, estudiantes frente a la Querini Stampalia y niños jugando al fútbol frente a la iglesia.

Este edificio de líneas limpias y agradable geometría es uno de los pocos ejemplos de iglesia renacentista de Venecia (junto con Santa Maria dei Miracoli y San Giobbe en Cannaregio), remodelada por Mauro Codussi en 1492.

Es sobria en comparación con la mayoría de las floridas iglesias barrocas venecianas. Alberga el único retablo de la ciudad creado por una mujer: *La Virgen y los santos* de Giulia Lama, de alrededor de 1710.

Fotografiar la Venecia de verdad RUTA FOTOGRÁFICA

El colaborador de Getty Stefano Mazzola nació y creció en Venecia. Su recorrido fotográfico por Castello lleva a los recovecos del *sestiere* que solo conoce un lugareño: desde un rincón "sagrado y profano" donde hay un cuadro de un Jesús de estilo hollywoodiense junto a la sede local del Partido Comunista hasta Corte Nuova, una calle llena de ropa tendida. Incluso enseña una escultura poco común de una leona en Via Garibaldi.

Su **Venice Original Photo Walk** se puede hacer en cualquier *sestiere*, pero el residencial Castello es el más indicado para descubrir la vida local.

SUGERENCIAS

Lo mejor para...

Localizaciones en el plano de la **p. 126**

€ Económico €€ Medio €€€ Alto

Comer

Menús degustación

Local €€€
16 D3
Menús degustación con ingredientes tradicionales como el *gò* (gobio), en un local con estrella Michelin. Con menos presupuesto, hay un menú de mediodía de cuatro platos más barato. *12.00-14.00 y 19.00-22.00 lu, vi y sa, 19.00-22.00 ju y do*

Il Ridotto €€€
17 B3
Solo hay nueve mesas, en las que padre e hijo (Gianni y Nicolò Bonaccorsi) ofrecen menús degustación y a la carta. Se centra en la cocina italiana de temporada. Al mediodía, combo de tres tapas y plato del día. *19.00-22.00 ju-ma, y 12.00-13.45 vi-lu*

Clásicos venecianos

Da Remigio €€
18 C3
Especialista en pescado con una gran selección de platos crudos, *primi* (entrantes) recién pescados y platos principales a la parrilla: dorada, lubina, anguila, rape... *12.30-14.30 y 19.00-22.00 mi-lu*

Al Covo €€€
19 D4
El menú de este famoso y elegante restaurante, especializado en ingredientes de la laguna, solo incluye productos locales. Destaca el pescado fresco con verduras de Sant'Erasmo. *12.45-14.00 y 19.30-22.00 ju-lu*

Alle Testiere €€
20 B2
Desde las gambas y el marisco hasta las hierbas y verduras silvestres, casi todo lo que hay en la carta ha sido pescado o cultivado en la laguna. *12.30-15.00 y 19.00-23.00 ma-sa*

Restaurantes familiares

Osteria da Pampo €€
21 H6
Este relajado restaurante, que da a la plaza de Sant'Elena, ofrece desde bacalao cocinado a la genovesa y a la veneciana hasta espaguetis de tinta de calamar con tomate y mejillones. *12.30-22.00 vi-mi*

Antica Sacrestia €€
22 B3
En una callejuela detrás de San Zaccaria, ofrece una carta especial veneciana, con platos tradicionales como hígado con polenta, o clásicos como *sarde in saor* (sardinas en escabeche). *12.00-23.00 ma-do*

'Pasticcerie' tradicionales

Pasticceria Chiusso €
23 D3
Sándwiches y deliciosas pastas de elaboración propia en una de las pastelerías más antiguas de la ciudad, con más de un siglo de historia. *7.00-20.00 ju-ma*

Rosa Salva €
24 B1
Esta veterana cafetería prepara los mejores *tramezzini* de la ciudad, con rellenos imaginativos (pruébese el de huevo y espárragos). *8.00-20.30 lu-sa, desde 8.30 do*

Beber

Bacaro

Osteria da Baco

25 B3

Un favorito entre los bares al este de Piazza San Marco: agradable, con algunas mesas en el acogedor interior con paneles de madera. *8.15-1.00*

Bares de vino

La Barrique

26 F5

Regentado por un grupo de jóvenes del Lido desde el 2023, este recomendable bar de vinos cuenta con unas 200 botellas en la carta, y por lo menos 12 vinos por copas. Los *cicchetti* se hacen al momento. *11.00-24.00 ju-ma*

El Rèfolo

27 F5

Popular entre los lugareños, sirve vinos italianos, cervezas y deliciosos aperitivos (como panecillos con mucho relleno). *11.30-23.30 ma-sa, hasta 22.00 do*

Entorno elegante

Serra dei Giardini

28 G5

Un invernadero de estilo *art nouveau* al borde de los Giardini Pubblici convertido en una preciosa cafetería, con plantas dentro y fuera. Son buenos los tentempiés vegetarianos. *10.00-20.00*

Bar Dandolo

véase 9 B4

Apenas ha cambiado desde el s. XIV: el bar de la planta baja del Hotel Danieli es un gran salón con columnas, lámparas de Murano, y un techo artesonado y dorado. Una gloriosa bienvenida veneciana. *10.00-1.00*

Comprar

Artesanos locales

Giovanna Zanella

29 A2

¿Zapatos u obras de arte? Las extraordinarias creaciones cosidas a mano de Giovanna son ambas cosas. Hay desde zapatos sobrios hasta el tipo de extravagancia que podría llevar Lady Gaga. Son caros, pero de calidad superior. *13.30-19.00 lu-sa*

Paolo Brandolisio

30 C3

Paolo, maestro de los remos y las *fórcole* (sinuosos escálamos de las góndolas), en su taller cubierto de serrín también vende pulseras torneadas a mano, candelabros y pequeñas *fórcole* escultóricas. *9.00-13.00 y 15.00-19.00 lu-vi*

Libros y encuadernación

Giorgio Ghidoli

31 D3

Ghidoli, que trabajó como ilustrador para periódicos y editoriales italianas, tiene ahora su propia galería, donde vende pinturas originales, calendarios, libros ilustrados y cartas de tarot (el producto más vendido). *10.30-12.30 y 15.30-19.00 lu-sa*

Ponte dei Sogni

véase 31 D3

Al lado, Giuliana (la hija de Ghidoli) vende sus brillantes libros infantiles sobre Venecia, así como sus rompecabezas y juguetes de madera: leones, góndolas y mapas de los *sestieri*. *10.30-12.30, 15.30-19.00 lu-sa*

Madoneri

32 D3

Paolo y Barnaba Scalabrin, padre e hijo, fabrican cuadernos aquí mismo, mientras que la sobrina de Paolo contribuye con cerámicas que parecen etruscas. *10.00-19.00*

Sugerencias de lugares para comer, beber y comprar en **p. 154**

Explora
Giudecca, el Lido y las islas del sur

Si otras ciudades tienen una periferia suburbana, Venecia tiene islas salvajes que flotan en una laguna azul turquesa, un resort de playa y santuarios isleños centenarios. Las islas de San Giorgio y Giudecca atraen desde hace tiempo a los amantes de la arquitectura. Giudecca fue un santuario religioso y un refugio ajardinado de las élites antes de convertirse en un núcleo industrial. En la actualidad está en su tercer acto, ya que los claustros y almacenes se han convertido en estudios de artistas y *lofts* urbanos. El largo Lido es una isla arenosa que hace de barrera protectora de las mareas altas del Adriático. En verano, la ciudad se refugia en sus playas; en septiembre, las grandes estrellas acuden al festival de cine.

Cómo desplazarse

Bicicleta y autobús

Los autobuses y las bicicletas (de alquiler) son la forma más fácil de desplazarse por el Lido.

Automóvil

Los coches están permitidos en el Lido. La línea 17 de ferris para coches va de Tronchetto a Lido San Nicolò. También hay taxis.

'Vaporetto'

Las líneas 2, 4.1 y 4.2 paran en Giudecca; la línea 2 también para en San Giorgio Maggiore. La línea 20 va a San Servolo y San Lazzaro desde San Zaccaria. Las líneas 1, 5.1, 5.2, 6, 10 y 14 paran en Lido Santa Maria Elisabetta.

Chiesa del Santissimo Redentore (p. 149).

PHILIP LEE HARVEY/LONELY PLANET ©

LO MEJOR

Admirar la **BASILICA DI SAN GIORGIO MAGGIORE** de Andrea Palladio (p. 142).

Visitar la **FONDAZIONE GIORGIO CINI** (p. 144).

Explorar los **ESTUDIOS DE ARTESANOS** de Giudecca (p. 149), y comer frente al mar en **LA PALANCA** (p. 154).

Escapar al Lido en verano para dar un largo **PASEO EN BICICLETA** (p. 146) con chapuzones en el mar.

★ IMPRESCINDIBLE

Isola di San Giorgio Maggiore

La isla de San Giorgio Maggiore ha pertenecido a los benedictinos desde el s. x. Encargaron la deslumbrante basílica blanca de Palladio, un altísimo Campanile (campanario) que rivaliza con el de San Marco y un monasterio renacentista. Este último alberga hoy la fundación cultural Cini.

PLANO: P. 148 **C1**

CONSEJO
Reservar en línea las visitas temáticas al monasterio y su parque, así como los conciertos en el auditorio de Lo Squero. Las visitas a la basílica son gratis, pero el *campanile* requiere entrada.

Escanea este código QR para más información sobre la isla de San Giorgio Maggiore.

Basilica di San Giorgio Maggiore

Las gafas de sol son imprescindibles al acercarse a la **Basilica di San Giorgio Maggiore:** el mármol blanco de Istria de la magistral fachada del s. xvi de Andrea Palladio es cegador al mirarlo de frente. La mayoría de los visitantes solo la atisban al otro lado del agua desde San Marco, pero vale la pena el rápido viaje en *vaporetto* para verla de cerca. Palladio eligió la piedra blanca para que destacara sobre las aguas azules de la laguna y la dispuso en ángulo, de modo que las columnas con incisiones profundas y los nichos escultóricos crean un atractivo conjunto de luces y sombras bajo el sol de la tarde.

En el interior se ven techos ondulantes y altas ventanas que filtran la luz del sol a través de la armonía geométrica de la iglesia. El altar está flanqueado por dos obras tardías de Tintoretto: *La recogida del maná* y *La Última Cena*. La obra *Virgen con el Niño y santos* de Sebastiano Ricci provoca expresiones de admiración, mientras que la última tela de Tintoretto, la conmovedora *La deposición de Cristo* (1594), cuelga en la Cappelle delle Deposizione.

Campanile

Antes de salir de la iglesia, se puede subir en ascensor hasta la cima del Campanile, de 63 m de altura. La elegante torre de ladrillo, construida por Fra Be-

VILIAM.M/SHUTTERSTOCK ©

nadetto Buratti en 1791, rivaliza con la de San Marco, con la ventaja añadida de sus vistas directas de Piazza San Marco enmarcada por los Dolomitas, así como una vista de 360° de la laguna y de los claustros y el parque del monasterio de al lado. Destaca también el laberinto de parterres, que lleva el nombre del gran escritor argentino Jorge Luis Borges.

Fondazione Giorgio Cini

La abadía anexa a la basílica fue fundada en el año 982 por los benedictinos. Fue un importante centro teológico y cultural, que acogió a dignatarios extranjeros como el papa Alejandro III, Federico Barbarroja y Cosme de Medici.

El fuego destruyó gran parte del complejo primitivo. El renacentista **Chiostro dei Cipressi** (1526) de Palladio es la parte más antigua que se conserva. Las visitas guiadas (hay que reservar) pasan

UNA PAUSA
El único restaurante de la isla, el elegante **San Giorgio Café,** sirve platos italianos y venecianos con vistas a un pequeño puerto deportivo. Hay que reservar si se quiere mesa en la terraza.

HOMO FABER
Cada dos años, en septiembre, la Fondazione Giorgio Cini organiza **Homo Faber** (homofaber.com), que exhibe obras originales de maestros artesanos, además de otros eventos.

por aquí, por la hermosa biblioteca de Baldassare Longhena y por la **Manica Lunga** (dormitorio de los monjes). Por último, se llega a la sala del refectorio, donde un facsímil digital de la obra maestra de Veronese *Las bodas de Caná* ocupa el lugar del original, que sigue en el Louvre después de que Napoleón lo robara en 1797.

Hoy el complejo alberga la **Fondazione Giorgio Cini.** La fundó el conde Vittorio Cini en 1951, tras huir del campo de concentración de Dachau y proponerse salvar la isla y el monasterio.

Capillas en el bosque

Escondidas en el bosque de 1,6 Ha de la abadía se encuentran las sorprendentes **Capillas Vaticanas,** 10 espacios de meditación encargados por la Santa

CORTESÍA DE LE STANZE DEL VETRO ©

Sede a una serie de pesos pesados de la arquitectura para la Bienal de Arquitectura del 2018. Se pueden visitar con una excelente audioguía que se recibe al entrar. Está diseñado como un peregrinaje de reflexión, deteniéndose en cada capilla para contemplar la estructura y el entorno.

Otra opción es desviarse de la ruta y adentrarse en un entorno idílico con vistas de la laguna entre los árboles. El último recorrido del día incluye una visita al **Teatro Verde** de Luigi Vietti, que Katherine Hepburn describió como "el teatro más bello del mundo".

Le Stanze del Vetro

Alrededor del lado noreste de la basílica, pasado el pequeño puerto deportivo, hay una señal que indica **Le Stanze del Vetro** ("estancias del vidrio"). El bello espacio expositivo minimalista, con el apoyo de la **Fondazione Cini,** presenta dos magníficas exposiciones anuales de vidrio, una histórica y otra contemporánea e internacional.

Un poco más allá de la orilla, en el antiguo internado de la isla, se encuentra otro espacio expositivo, **Le Stanze della Fotografia** ("salas de la fotografía"). Es otro lugar elegante donde se expone la extraordinaria colección de la fundación (una de las mejores de Europa), junto con grandes exposiciones comisariadas por el editor de arte Marsilio Arte.

Auditorio de Lo Squero

Los conciertos de este impresionante **auditorio** se anuncian en la web de la Fondazine Cini. Esta sala renovada, ubicada en un antiguo cobertizo para botes *(squero),* tiene una acústica perfecta y vistas de la puesta de sol sobre la laguna por detrás del escenario a través de sus ventanales del suelo al techo. El programa de conciertos se extiende de marzo a mediados de diciembre e incluye actuaciones durante el festival Veneto Jazz.

LA FAMILIA CINI

El rico industrial Vittorio Cini fue nombrado ministro de Comunicaciones por Mussolini en 1943. Dimitió al cabo de seis meses en desacuerdo con la guerra. Posteriormente fue detenido y encarcelado en el campo de concentración de Dachau, y más tarde liberado por su hijo Giorgio, que sobornó a un guardia. En 1949, Giorgio murió en un accidente aéreo. Vittorio creó la fundación en 1951 en su memoria.

RUTA EN BICICLETA

Pedalear por el Lido

Casetas de época a rayas de colores sobre la arena, villas de estilo Liberty y jardines floridos que parecen a mil años luz de Rialto. Así es el Lido. Se recomienda recorrer en bicicleta sus 12 km de costa para disfrutar de sus playas, su avifauna y sus excelentes restaurantes de pescado.

INICIO	FINAL	DURACIÓN
Venice Lido Rental	Magiche Voglie	21 km; 1 h

1 Llegada al Lido

Se llega a Santa Maria Elisabetta en el *vaporetto* con bañador y toalla. Se toma un café en el **Bar Maleti** y se consigue una bicicleta mecánica o eléctrica en **Venice Lido Rental,** al lado. Se echa un vistazo al hotel **Ausonia & Hungaria,** con su ornamentada fachada de mayólica y luego, se baja por Gran Viale Santa Margherita hacia la carretera de la playa.

2 Entre jardines

Se gira a la derecha y se pasa por debajo de los pinos disfrutando de las vistas marítimas. Pronto se pasa junto al casino racionalista de Eugenio Miozzi, de los años treinta, por el **Palazzo del Cinema** y por las extravagantes cúpulas bizantinas del **Hotel Excelsior.** Es hora de perderse por las callejuelas.

3 Por el rompeolas

Después de 1,7 km, la playa termina y da paso a los **Murazzi.** Estos "grandes muros" son un rompeolas de 5 km construido con piedra de Istria en el s. XVIII para proteger el Lido de la erosión del mar. Se da un paseo por lo alto del rompeolas y luego, si apetece, un baño rápido en la playa pública.

4 Venecia en miniatura

La diminuta **Malamocco,** entre canales, fue capital de la laguna entre los años 742 y 811. Se recomienda explorar sus diminutos *campi* (plazas) antes de almorzar en **Al Ponte di Borgo** o bajo la pérgola de la **Trattoria da Scarso,** antaño frecuentada por Federico Fellini. Si después de comer el viajero se siente cansado, puede regresar a la ciudad.

5 Dunas salvajes de Alberoni

Se sigue hacia el sur por Via Alberoni. Aquí solo está el mar y algunas pequeñas granjas. Se sigue la carretera hasta el club de playa añejo **Bagni Alberoni.** Justo después hay una playa pública, junto a la **WWF Oasi Dune degli Alberoni,** una zona de conservación de dunas y praderas salvajes que en su día inspiraron a Shelley y Byron. Es hora de otro baño y de tomar algo en **Macondo.**

6 'Pizza' entre lugareños

Tras una ducha, se emprende el regreso. Se disfruta del resplandor dorado del sol poniente sobre las islas lagunares de Poveglia y Santo Spirito pedaleando por Via Alberoni. Se vuelve a tomar Via Malamocco y se gira a la derecha hacia **El Cason.** Esta popular pizzería tiene un patio al aire libre, música en directo de vez en cuando y un ambiente estupendo.

7 Helado y cócteles

Se pedalean los 4 km de vuelta a Gran Viale y se toma un helado en **Magiche Voglie.** Se puede volver a la playa para ver qué se cuece: tal vez tomar algo en **El Pecador** o comprobar si hay DJ en **Blue Moon.**

Canale Scomenzera
Hilton Molino Stucky
Canale di Fusina
Sacca Fisola
Sacca San Biagio
Mercato della Prigione Femminile
Artisti Artigiani del Chiostro
CREA Cantieri del Contemporaneo
Fortuny Tessuti Artistici
Gran Canal
Canale della Giudecca
Chiesa del Santissimo Redentore
Isola della Giudecca
Fondazione Giorgio Cini
Basilica di San Giorgio Maggiore
San Giorgio Café
Le Stanze del Vetro
Le Stanze della Fotografia
Lo Squero Auditorium
Isola di San Giorgio Maggiore
Teatro Verde
CASTELLO
Darsena Arsenale Vecchio
Isola San Pietro
Isola delle Certosa
Isola di Sant'Elena
Isola di San Servolo
Museo del Manicomio
La Grazia
LAGUNA DE VENECIA
Isola di San Clemente
Sacca Sessola
JW Marriott Venice (Isola delle Rose)
Isola Santo Spirito
Isola di San Lazzaro degli Armeni
Monastero di San Lazzaro degli Armeni
Isola del Lazzaretto Vecchio
Casinò
Via Malamocco
Palazzo del Cinema
Acquolina Cooking School
Blue Moon
Lido di Venezia
Paradise Beach Club
Spiaggia di San Nicolò
Golfo de Venecia
Murazzi
0
1 km
Más información
Imprescindible p. 142
Experiencias p. 149
Comer p. 154
Beber p. 155
Comprar p. 155

Apreciar los estudios y galerías de artesanos de Giudecca

ARTESANÍA CONTEMPORÁNEA

Artistas y empresas tecnológicas están recuperando las fábricas y monasterios abandonados de Giudecca para convertirlos en estudios y oficinas. La iglesia, con frescos de los santos Cosme y Damián, es la sede de la empresa de desarrollo tecnológico SerenDPT, mientras que el claustro alberga **Artisti Artigiani del Chiostro** (PLANO: 1 P. 148 **B2**), una colección de talleres de artesanos. El patio porticado es ideal para dar un paseo y comprar recuerdos inolvidables.

CREA (PLANO: 2 P. 148 **B2**) es un centro de arte contemporáneo con seis galerías sito en el astillero de Giudecca. La talentosa ceramista Adele Stefanelli tiene aquí su taller (p. 155). La mayoría de los estudios y galerías están activos entre marzo y noviembre, aunque visitarlos fuera de temporada puede ser muy gratificante, ya que disponen de más tiempo para charlar.

Vivir la fiesta del Redentore

IGLESIA

PLANO: 3 P. 148 **C2**

Incluso desde lejos, no puede perderse la **Chiesa del Santissimo Redentore** (Il Redentore) de Andrea Palladio, de 1577, un festival de mármol blanco junto al canal de la Giudecca. Esta magnífica iglesia, construida para celebrar la liberación de la ciudad de la peste negra de 1575-1577, es todo un icono en la ciudad. Tras su inauguración en 1592, el dux Sebastiano Venier hacía una peregrinación anual a través de un puente provisional de barcazas desde las Zattere para dar gracias en el tabernáculo de la iglesia.

Más de 400 años después, en julio, los venecianos mantienen la tradición, cruzando el canal por un inestable puente de pontones en la **Festa del Redentore** (fiesta del redentor; ver PLANO: 3). También se vuelcan en la decoración de sus barcos, que llenan el canal frente a la iglesia para ver de los grandes fuegos artificiales del sábado.

Explorar la herencia industrial de Giudecca

ARQUITECTURA

Detrás del paseo marítimo principal, aguarda el patrimonio industrial alternativo de Giudecca. La enorme estructura gótica del **Hilton Molino Stucky** (PLANO: 4 P. 148 **B1**), construido por Ernst Wullekopf, es un buen punto de partida. Este antiguo molino producía la mayor cantidad de harina de Europa. El vestíbulo está decorado con viejas fotografías de trabajadores de la fábrica, que contrastan con el lujo del hotel de cinco estrellas que lo ocupa.

Al fondo está la antigua fábrica de cemento y cerca, la fábrica de cerveza Dreher. Bajando por Fondamenta de le Convertite se encuentra el correccional de mujeres (antes un convento para mujeres "descarriadas"), donde se celebra un **mercado** (PLANO: 5 P. 148 **B2**) los jueves por la mañana. Más al este se encuentra la

LOS MEJORES CLUBES DE PLAYA DEL LIDO

Bagni Alberoni

véase PLANO: 8 P. 148 **D4**

El club de baño más antiguo del Lido es más salvaje, más relajado y menos concurrido que las playas del norte. Sus tumbonas se asientan junto a las dunas protegidas del WWF, que se llenan de caradrinos y aves zancudas.

Blue Moon

PLANO: 9 P. 148 **E3**

Esta construcción abovedada diseñada por Giancarlo de Carlo, que debe su nombre a un glamuroso club nocturno, cuenta con un bistró, una cafetería, una pista de baile elevada y un mirador, además de una piscina junto a la playa.

Paradise Beach Club

PLANO: 10 P. 148 **F2**

Una fantástica y profunda sección de playa con tumbonas bajo sombrillas de paja y mucho espacio para juegos de playa. Hay un parque infantil a la sombra y se ofrecen deportes acuáticos.

antigua fábrica de relojes Junghans, que producía 55 000 relojes al año. Su historia es fascinante, al igual que la de los trabajadores, en su mayoría mujeres. Se recomienda contratar a un guía de **Best Venice Guides para que** cuente su historia.

De playas en el Lido PLAYAS

Las tumbonas y los socorristas bronceados pueden parecer muy lejos de la sofocante Venecia en verano, pero están a solo 15 min en ferri, en el **Lido.**

En el lado de la isla que da al mar hay una franja de arena casi continua. Gran parte de ella está flanqueada por pintorescas *capannas* (casetas para cambiarse de ropa), una reliquia de la glamurosa década de 1850. Actualmente las gestionan los *stabilimenti* (clubes de playa privados). Muchas llevan años alquiladas a las mismas familias o están reservadas para los huéspedes de hoteles situados frente al mar. Pero los clubes también ofrecen tumbonas, sombrillas, taquillas, duchas, restaurantes y diversiones playeras para los clientes, todo ello previo pago.

Las tres playas públicas gratuitas son **San Nicolò** (PLANO: 6 P. 148 **F2**) al norte, **Murazzi** (PLANO: 7 P. 148 **D4**) en el centro de la isla, y **Alberoni** (PLANO: 8 P. 148 **D4**) en el extremo sur.

Aventura a Pellestrina VISITA ISLEÑA

En el autobús nº 11 se llega a **Pellestrina** (PLANO: 11 P. 148 **D4**), el gemelo meridional más rural del Lido, que recuerda el aspecto que podría haber tenido la laguna si no se hubiera creado Venecia. No hay hoteles, tiendas lujosas ni tumbonas, solo cuatro pequeñas comunidades de pescadores, un puñado de restaurantes de pescado fantásticos (el mejor es **Da Celeste,** p. 154) y heladerías, pequeñas granjas y chozas de pescadores tradicionales.

Más allá de Pellestrina, la isla prácticamente desaparece y solo quedan los *murazzi* (el enorme rompeolas del s. XVIII) y un estrecho sendero; recorrerlo es maravilloso. Finalmente, se llega a la **Riserva Naturale Ca' Roman** (PLANO: 12 P. 148 **D4**), en el extremo sur, una reserva natural de dunas que es un paraíso para las aves migratorias.

Cocina veneciana en Villa Ines

CLASE DE COCINA

PLANO: 13 P. 148 **E3**

Para sumergirse de lleno en la cocina veneciana, se puede participar en una clase de cocina en **Villa Ines,** una villa de estilo Liberty en el Lido. Es el hogar de **Marika Contaldo Seguso,** que desde su cocina dirige la **Acquolina Cooking School.** Se puede hacer un curso de medio día o de un día entero. Este último incluye una excursión por la mañana al mercado de Rialto, donde Marika presenta a los dueños de sus puestos favoritos y enseña a seleccionar el mejor pescado. A continuación, se aprenden diversas técnicas y tradiciones venecianas mientras se degustan interesantes vinos locales.

Relajarse en la isla de las rosas

SPA

PLANO: 14 P. 148 **B3**

A pesar del amor de la ciudad por los lujos, los *spas* no formaban parte de la experiencia de Venecia. Eso es algo que JW Marriott quiso remediar cuando compró Sacca Sessola en el 2015 y la transformó en un complejo turístico en una isla privada, rebautizándola como **Isola delle Rose** (isla de las Rosas).

Acercarse a este gran hotel de estilo racionalista en un taxi acuático gratuito es una experiencia digna de una estrella de cine. En la década de 1930 era un complejo para el tratamiento de afecciones respiratorias, construido aquí para aprovechar las brisas marinas de la isla. El *spa* se encuentra en el antiguo cobertizo para botes, donde la luz entra a raudales por las ventanas de suelo a techo. Hay una piscina cubierta y otra al aire libre, un *hammam,* un *tepidarium,* una sauna y salas de vapor.

El complejo abre de marzo a octubre. Se pueden adquirir pases de medio día o de día completo.

Admirar diseños textiles en Fortuny

TEJIDOS

PLANO: 15 P. 148 **B1**

En **Fortuny Tessuti Artistici** se puede descubrir por qué el novelista francés Marcel Proust, la heredera estadounidense Gloria Vanderbilt y la supermodelo moderna Natalia Vodianova se encandilaron con los tejidos de Fortuny.

Esta empresa textil fundada en 1922 es el lugar donde Mariano Fortuny y Henriette Nigrin (su esposa y colaboradora) creaban los tintes, los métodos de estampado y los micropliegues que les dieron fama.

Se pueden ver de cerca las sedas y terciopelos en la atractiva sala de exposiciones, decorada con telas colgadas y baúles llenos de muestras de época. No se permite pasar a las instalaciones de producción, para proteger los secretos comerciales, pero se puede visitar el encantador jardín secreto de la fábrica.

Asistir al Festival de Venecia FESTIVAL DE CINE

El **Festival Internacional de Cine de Venecia,** inaugurado en 1932, es el certamen cinematográfico más antiguo del mundo y atrae a estrellas de primera fila. Se puede asistir a los estrenos en el **Palazzo del Cinema** (PLANO: 16 P. 148 E3), con capacidad para 1000 espectadores. Su curiosa arquitectura evoca el estilo arquitectónico de los años 30, cuando se concibió el festival para promover el turismo.

A pesar de la interrupción durante la II Guerra Mundial, cuando se inauguró Cannes en protesta por la toma de Venecia por los fascistas, el certamen sigue siendo un barómetro de éxito para las películas que ganan el León de Oro. Muchas de las proyecciones más importantes están abiertas al público.

Otros espacios son el Palazzo del Casino, la Sala Giardino, el PalaBiennale y Lazzaretto Vecchio, la primera isla de cuarentena del mundo, cuyos almacenes acogen ahora el certamen de proyectos inmersivos y de realidad virtual.

Las entradas se ponen a la venta en la web de la Bienal un par de semanas antes del inicio del festival, a finales de agosto.

Aprender en San Servolo UNIVERSIDAD Y MUSEO

La belleza de la **Isola di San Servolo** se percibe nada más llegar. Palmeras y árboles pueblan el parque lleno de esculturas. A los venecianos les encanta venir aquí para huir de la ciudad. El antiguo monasterio benedictino es la sede de la **Venice International University,** aunque siempre ha sido un lugar de estudio e invención. En sus tiempos, los monjes eran ex-

LA SORPRENDENTE HISTORIA DE LA AVIACIÓN EN EL LIDO

Venecia está llena de historias curiosas, como la del aeropuerto Giovanni Nicelli, el primer aeródromo comercial de Italia. El primer vuelo de Venecia despegó de la playa del Lido en 1911, mientras que la primera escuadrilla de hidroaviones de Italia se construyó en el Arsenale en 1913. La proximidad de la ciudad a la frontera austrohúngara fue decisiva en la I Guerra Mundial, y el aeropuerto Giovanni Nicelli (el nombre de un as de la aviación caído en combate) se desarrolló rápidamente. En 1926 salió de aquí el primer vuelo comercial italiano con destino a Viena, y en 1935 se inauguró la terminal de pasajeros, repleta de pinturas futuristas. Se puede cenar en el restaurante de época **Fly,** que es muy bueno y tiene vistas a la pista.

pertos farmacéuticos y médicos, y creaban medicinas para el ejército a partir de las hierbas cultivadas en el jardín.

Se puede visitar el **Museo del Manicomio** (PLANO: 17 P. 148 **D2**) o Museo de la Locura y la botica de época en una visita guiada (hay que reservar), que también explica la historia de San Servolo como hospital psiquiátrico masculino de Venecia. Hoy los pasillos del manicomio acogen arte estudiantil y las salas, conferencias sobre sostenibilidad y globalización.

Uno de los mejores eventos al aire libre es el **Venezia International Photo Festival** (www.veneziaphoto.org), que atrae a fotógrafos de fama internacional durante una semana de talleres y exposiciones en abril.

Conocer a los monjes en San Lazzaro degli Armeni MONASTERIO

PLANO: 18 P. 148 **D3**

Monjes de Siria, Georgia y Armenia prosiguen su labor erudita en este santuario, el último que queda de los tiempos de La Serenissima. La comunidad lleva aquí más de 300 años, tras la donación de la isla al abad Mekhitar en 1717 por el Senado veneciano.

Mekhitar puso en marcha una serie de trabajos de traducción, educación y preservación de la cultura armenia (que los monjes han seguido durante siglos). Esto dio lugar a un primigenio diccionario armenio (1836) y a la mayor colección de manuscritos armenios del mundo.

Se puede reservar una visita guiada por la tranquila isla para descubrir la atractiva iglesia, los singulares libros de oración y la valiosa biblioteca repleta de volúmenes. En la planta baja todavía se conservan varias de las arcaicas imprentas. Por desgracia, los monjes que las manejaban se quedaban sordos por el ruido.

Unos golpes en el Golf Club CAMPO DE GOLF

PLANO: 19 P. 148 **D4**

La casa del **Circolo Golf Venezia** ofrece un campo de suaves ondulaciones diseñado por el prominente golfista escocés Bobby Cruickshank en 1928.

Los nueve primeros hoyos se trazaron a instancias del conde Volpi di Misurati, tras un vergonzoso incidente en el que su amigo, el magnate automovilístico estadounidense Henry Ford, llegó al Excelsior con sus palos y se encontró con que no había campo de golf.

El emplazamiento elegido fue en torno al antiguo fuerte austriaco, del que aún se conservan fragmentos. En 1951, el campo se amplió a 18 hoyos (par 72), lo bastante exigentes como para albergar el Open de Italia en 1955, 1960 y 1974.

Actualmente, el visitante puede jugar al golf en un bonito entorno. La dificultad aumenta con los vientos *bora* o *sirocco*. Al final se puede pasar por el bar, que en su día frecuentaron el duque de Windsor, Mussolini y Henry Cotton.

SUGERENCIAS

Lo mejor para...

€ Económico €€ Medio €€€ Alto

Localizaciones en el plano de la **p. 148**

Comer

Delicias marinas

La Palanca €€
20 B1
Los lugareños acuden a este bar de Giudecca por su ambiente y sus almuerzos de pez espada con ralladura de naranja, suculentas vieiras o navajas. *7.00-21.00 lu-sa*

Al Mercà €€
21 E3
Esta taberna de la antigua lonja ofrece el mejor pescado y marisco del Lido. *12.00-14.30 y 18.30-21.30 diario verano, ju-do invierno*

Da Celeste €€€
22 D4
El lugar de referencia en Pellestrina para degustar el mejor pescado y marisco. *12.00-14.30 y 19.00-21.15 ju-ma mar-oct*

Trattoria Altanella €€
23 B2
Esta *trattoria* fundada por una familia de pescadores de Giudecca en 1920 sirve excelentes ñoquis con sepia y calamares rellenos. *12.30-14.00 y 19.30-21.00 mi-do*

Restaurantes locales

Trattoria Andri €€
24 E3
Marisco servido en un elegante comedor del Lido lleno de arte. El *risotto* de pescado es excelente. *12.00-14.30 y 18.00-22.00 ma-do verano, vi-do invierno*

Trattoria ai Cacciatori €€
25 B2
Pruébese un buen plato de *bigoli* (pasta fresca) con *ragù* (salsa) de pato en esta *trattoria* de Giudecca. *12.00-23.00 ma-do, hasta 15.30 lu*

Caribe Sorriso €€
26 D4
Este moderno restaurante del Lido ofrece un menú italiano con vistas al mar. *9.00-23.00*

Trattoria da Scarso €€
27 D4
Encantador restaurante de Malamocco con buen pescado y pasta casera. *11.00-15.00 y 19.00-22.00 mi-do, 11.00-15.00 lu*

Vistas románticas

Harry's Dolci €€€
28 B1
El toldo azul Tiffany del paseo marítimo de Giudecca distingue este lugar. Las cenas al atardecer en el pontón con un Bellini son mágicas. *11.00-23.00 abr-oct*

L'Essentiale €€€
29 E2
En la terraza del restaurante Villa Laguna, en el Lido, ofrecen platos artísticos como el *risotto* de langosta rosa. *12.30-24.00 ma-do Semana Santa-med oct*

Glamy Bistrot €€€
30 E3
Tiene un encantador comedor al aire libre con vistas al club de playa del Grand Hotel des Bains. Gran *sushi* y clásicos venecianos. *19.30-23.00 mi-lu*

Picar algo

El Pecador €
31 E3
Sí, es un autobús rojo de dos plantas que sirve los

mejores sándwiches y *spritz* (cóctel de *prosecco*) del Lido. *10.00-2.00 abr-med sep*

Magiche Voglie ⓔ

32 E2

Esta heladería familiar del Lido ofrece sabores como baya de *açaí* y fruta *cajá* junto a cereza negra o pistacho siciliano. *15.00-19.00 ju-do oct-mar, 10.00-23.00 abr-sep*

Pasticceria Santin ⓔ

33 D4

Pastelería del Lido ideal para tomar un capuchino, cruasanes, rodajas de manzana, *budino di riso* (tartas de arroz con leche) y galletas de azafrán. *7.00-19.45 lu y mi-sa, hasta 13.30 do*

Pane Libri e Cappuccino ⓔ

34 D4

El centro neurálgico de la isla del Lido, abierto todo el día. Sirve café sin fin, pasteles y sándwiches. *6.30-21.00*

Beber

Cócteles alternativos

Skyline

véase 4 B1

Coctelería en lo alto del Hilton Molino Stucky con vistas espectaculares de la laguna. En verano, hay DJ los domingos por la noche. *12.00-1.00 abr-oct, 16.00-24.00 nov-mar*

Cantinita Beach

35 E3

El divertido Cantinita del Lido ofrece margaritas, cócteles de tequila y nachos en un jardín frondoso. *11.00-2.00 abr-sep*

Aurora Beach Bar

36 E3

Este club de playa del Lido tiene camas con dosel y un ambiente relajado de día, pero en las noches de fiesta se transforma en coctelería y club. *11.00-24.00 jun-sep*

Bares con ambiente

Osteria da Moro

37 B1

Este bar sirve excelentes *cicchetti* y embutidos durante el día, y por la noche ofrece una larga carta de vinos por copas y cervezas. Fantásticas vistas del Canal de la Giudecca. *7.00-23.00 mi-lu*

Da Cri Cri Tfinalina

38 D4

Una institución del Lido que ofrece vinos del Véneto, cervezas de barril y una barra repleta de *cicchetti*. Se recomienda el *spritz* de la casa hecho con vino Friulano y agua con gas. *7.30-21.00 lu-sa, 8.30-13.00 do*

Bar 9

39 E3

Un bar acogedor cerca de la parada del *vaporetto* del Lido, con arte interesante y una gran carta de vinos y cócteles. *9.30-12.30*

Comprar

Maestros artesanos

Stefano Morasso

véase 1 B2

En este taller de Giudecca, el maestro vidriero Stefano Morasso crea vasos artísticos y joyas. *9.00-12.30 y 15.00-17.00, hasta 18.00 verano*

Cartavenezia

véase 1 B2

Fernando Masone es un maestro papelero que estampa y esculpe papel hecho a mano para crear pantallas de lámparas, cuadernos de dibujo y obras de arte en 3D. También da clases. *Horario variable*

Adele Stefanelli

véase 2 B2

Tras formarse con maestros de China, Corea y Japón, Stefanelli crea jarrones, vasijas y teteras iridiscentes con colores venecianos. *Horario variable*

Sugerencias de lugares para comer, beber y comprar en **p. 171**

Explora
Murano, Burano y las islas del norte

Si el viajero llega a saturarse de la ciudad, puede refugiarse en la laguna norte. Es un espacio primigenio donde la tierra se funde con el agua y el presente se fusiona con el pasado. Sin embargo, en los primeros tiempos de Venecia esta era la parte más concurrida de la laguna. Torcello, habitada desde la época romana, fue la capital de facto antes de que los residentes se trasladaran al sur para fundar un nuevo asentamiento en Rialto. Este abandono todavía persiste en la mayoría de las islas, con edificios en ruinas en las marismas y huertos donde antes había monasterios medievales. Dos excepciones son la animada Burano, con sus casitas multicolores, y la majestuosa Murano, conocida por sus fábricas de vidrio.

Cómo desplazarse

'Vaporetto'
El *vaporetto* nº 12 sale de Fondamente Nove y recorre la laguna norte, parando en Murano, Mazzorbo, Torcello y Burano. Otras rutas van a Sant'Erasmo y Lazzaretto Nuovo.

Embarcación privada
Para llegar a San Francesco del Deserto, hay que reservar con Laguna Fla. También se puede ver la laguna norte en una excursión privada, como con Venice Bird Watching.

A pie
Las islas son pequeñas y se pueden recorrer a pie; Burano y Mazzorbo están unidas por un puente.

Burano (p. 161).
PETER ZELEI IMAGES/GETTY IMAGES ©

★

LO MEJOR

Descubrir la animada **BURANO** (p. 161) y sus casitas de colores.

Aprender a soplar vidrio con una clase magistral en **WAVE MURANO GLASS** (p. 160).

Catar buenos vinos de la laguna en **VENISSA** (p. 169), en Mazzorbo.

Navegar por la salvaje laguna norte con el pescador **ANDREA ROSSI** (p. 167).

★ IMPRESCINDIBLE

Torcello

En esta isla semiabandonada es donde empezó Venecia: en Torcello hubo un próspero asentamiento antes de trasladarse a Rialto. Hoy, esta isla con una docena de habitantes es un lugar tranquilo con ecos del pasado; su basílica bizantina ofrece todo un viaje en el tiempo.

PLANO: P. 166 **D2**

CONSEJO
Esta es la isla más tranquila de la laguna: se puede recorrer en 1 h, pero se recomienda estar más tiempo para empaparse del ambiente y de la magia de Torcello.

Escanea este código QR para precios, horarios y demás.

Basilica di Santa Maria Assunta

El *campanile* cuadrado de la **Basilica di Santa Maria Assunta** es visible desde el otro lado de la laguna, e invita a descubrir las maravillas del interior. En el ábside hay una *Virgen con el Niño* del s. XI y en la pared del fondo, un *Juicio Final,* que llaman la atención por el sencillo emplazamiento de la iglesia en lo que ahora es básicamente un campo. En la capilla de la derecha hay un Cristo flanqueado por ángeles, santos y plantas simbólicas.

El suelo es una alfombra de mosaicos, precursora de la Basilica dei Santi Maria e Donato de Murano, o de la de San Marco. Pero lo que más tiempo requiere es la contemplación del *Juicio Final,* con seis vívidos niveles que van del cielo al infierno.

Chiesa di Santa Fosca

Junto a la basílica se encuentra la pequeña iglesia de **Santa Fosca,** que no tiene mosaicos, pero sí una atmósfera atractiva. Fue fundada en el s. IX y reformada en el s. XII. Es de estilo véneto-bizantino, con un interior abovedado rodeado por un pórtico de cinco lados. Aquí se celebra la misa dominical.

Museo di Torcello

Este pequeño **museo** es una joya. Está dedicado a la olvidada historia antigua de la laguna, con hallazgos romanos, etruscos, griegos e incluso egip-

MAREMAGNUM/GETTY IMAGES ©

cios de los alrededores. También cuenta la historia de los monasterios (hoy en ruinas) que llenaron Torcello en la época medieval, cuando los residentes se trasladaron a Venecia.

En el exterior se encuentra el **Trono d'Attila:** un gran trono tallado en piedra en el s. v. Se dice que toda mujer que se siente en él se quedará embarazada en menos de un año.

Ponte del Diavolo

El **puente del Diablo,** muy popular entre los *instagrammers,* es uno de los dos pontones sin muros que quedan en la laguna (el otro es el Ponte Chiodo en Cannaregio). Data del s. xv y es un ejemplo perfecto del aspecto que tenía Venecia antaño. Al otro lado del puente, un sendero transcurre junto a campos y ruinas de monasterios medievales, emergiendo al lado de la basílica.

UNA PAUSA

Se puede comer algo rápido en la **Taverna Tipica Veneziana,** que sirve clásicos de la laguna precocinados y a buen precio, con mesas fuera.

★ IMPRESCINDIBLE

Cristal de Murano

El vidrio es omnipresente en Murano desde hace siglos. Si bien los *maestri* solían trabajar rodeados de un gran secretismo, actualmente muchos *fornaci* (hornos) reciben público para hacer demostraciones de soplado de vidrio e incluso dar clases. Contemplar el extraordinario proceso permite apreciar mejor este arte.

PLANO: P. 166 **A4**

CONSEJO
Hay que prever medio día para hacer una visita a la fábrica o tomar una clase, comprar cristal y ver la isla; después ya no dará tiempo de visitar Burano.

Escanea este código QR para obtener más información sobre Wave Murano Glass.

La catedral de cristal

La antigua iglesia de **Santa Chiara** estaba semiderruida cuando un grupo de lugareños decidió restaurarla en el 2011. Ahora hacen demostraciones de soplado de vidrio dos veces al día, de lunes a sábado. Se puede pedir un *spritz* (cóctel de *prosecco*) en el bar y sentarse a ver este espectáculo de 25 min. Aunque no se trata de una *fornace,* invitan a maestros para que hagan jarrones, decantadores y algún que otro corazón de cristal en el marco incomparable de la iglesia.

Cristal de Murano original

Una vez se ha visto el proceso, es el momento de pasar a la acción. En **OMG** se puede participar en un taller de 2-3 h. Se recorre la fábrica, se aprende la técnica y luego se hace una prueba, creando una flor de cristal y un vaso, que se puede recoger una vez enfriado o bien pedir que lo envíen. También organizan visitas de 15 min a la fábrica.

Wave Murano Glass

El equipo de **Wave,** un colectivo moderno que produce objetos contemporáneos, también realiza visitas de 50 min a la *fornace* los días laborables para mostrar la destreza y el aspecto físico del oficio. Ofrecen talleres de 2 h, en los que se sopla vidrio: un vaso, un jarrón o un adorno.

★ IMPRESCINDIBLE

Encaje de Burano

Hay encaje... y luego está el encaje de Burano. Es asombrosamente complejo, y está hecho solo de hilo cosido. Debido a los cambios de los gustos, esta tradición ha ido desapareciendo. Esto hace que valga todavía más la pena prestarle atención, ahora que las últimas *merlettaie* (encajeras) tienen entre 70 y 80 años.

PLANO: P. 166 **D2**

La Bottega dell'Arte

Fiorenza Rossetti procede de una larga estirpe de *merlettaie*, y en su **tienda** se encuentra encaje meticulosamente confeccionado por ella, su familia y los mejores artesanos italianos. Se puede elegir entre delicados pendientes de encaje, manteles de lino con encaje intricado e incluso velos de novia cosidos a mano. También vende piezas de encaje hechas por sus antepasados en el s. XVIII, así como piezas de lino y algodón de gran calidad.

Martina Vidal

Esta conocida **tienda** ofrece clases a quien quiera aprender el arte del encaje. Es un proceso lento: las obras que se ven pueden tardar meses en confeccionarse. En 2-3 h, se aprende un tipo de punto y se trabaja para terminar una pieza en proceso (y llevársela de recuerdo). En los cursos de 8-10 h se aprenden y practican dos o tres tipos de punto.

Dalla Lidia

La colección de encaje de época que hay en la parte de atrás de esta **tienda** (incluido un pañuelo cosido a mano para Napoleón) no tiene nada que envidiar a la del Museo del Merletto (p. 169). Se pueden comprar pequeñas piezas de los siglos XVII-XIX, o bien piezas más modernas, que incluyen obras de arte en encaje que representan desde las calles de Burano hasta la Virgen María.

CONSEJO
Pasar una mañana dedicada al encaje, mirando escaparates, tal vez tomando una clase y comiendo en **Gatto Nero.**

Escanea este código QR para más información sobre las clases de encaje de Martina Vidal.

CIRCUITO A PIE

Las panorámicas de Burano

Esta isla con forma de corazón es la más bonita de la laguna, lo que la hace muy concurrida. Sin embargo, la mayoría de los visitantes dan una vuelta rápida para fotografiar las casas de colores reflejadas en los canales y se va. Vale la pena quedarse más tiempo para explorar a fondo esta animada isla pesquera.

INICIO	FINAL	DURACIÓN
La Casa di Bepi	Fondamenta di Cao Moleca	1,5 km; 20 min

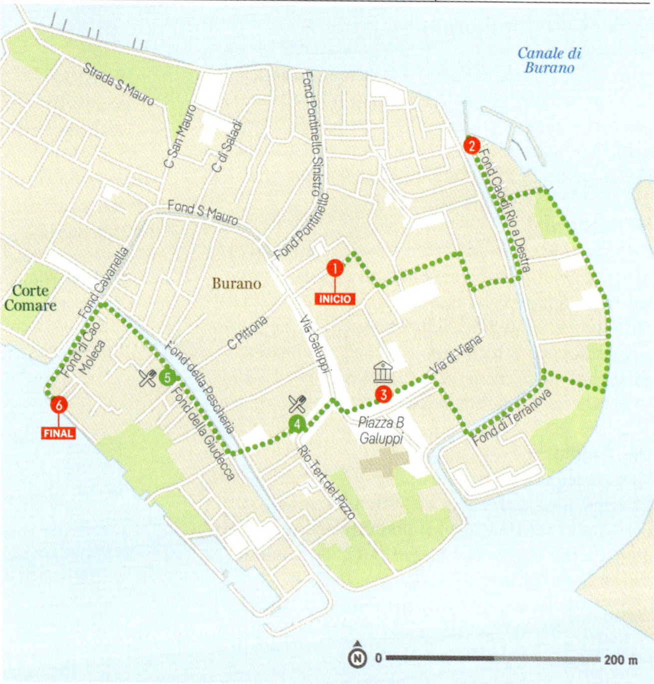

1 Ambiente isleño

Siguiendo las hordas del *vaporetto* por Fondamenta San Mauro, se llega a **La Casa di Bepi.** Aunque Burano es conocida por sus casas de colores, esta es multicolor: Bepi convirtió su fachada en un paisaje onírico de vivos colores. Es divertida y original, y concentra todo el espíritu de de la isla.

2 Hacer fotos

Paseando entre estas casitas preciosas (cada una pintada de un color distinto, para que los pescadores reconozcan la suya a pesar de la niebla o de la confusión causada por el alcohol, según a quién se le pregunte), se sale a un paseo junto al canal, **Fondamenta Cao di Rio a Destra.** Al final, se ve la etérea Torcello, al otro lado de la laguna.

3 Un poco de historia

Hoy en día es un núcleo turístico, pero hasta hace relativamente poco Burano era una comunidad empobrecida que vivía de la pesca y la fabricación de encaje. En la animada Piazza Galuppi está el **Museo del Merletto** (Museo del Encaje), que cuenta la historia de esta industria femenina, mostrando piezas desde el s. XVI hasta nuestros días; algunas de las últimas *merlettaie* de Burano trabajan aquí por las mañanas.

4 Delicias dulces

Es hora de probar las famosas galletas de Burano: la *bussolà* (rosco aromatizado con ron y vainilla) y la *esse,* en forma de Gran Canal. La familia Costantini de la **Pasticceria Costantini** las elabora desde hace más de 100 años.

5 Una pausa deliciosa

La **Trattoria al Gatto Nero,** de gestión familiar, es de lo mejor de Burano: servicio amable, pescado y marisco de primera y un ambiente muy democrático, donde los turistas se sientan junto a los pescadores que han traído los ingredientes para el plato del día. Tras un largo almuerzo, los canales centellean con más intensidad, las casas son más luminosas y se palpa la alegría de esta isla en forma de corazón.

6 Vistas y más vistas

Se da un paseo por el extremo suroeste de la isla, por **Fondamenta di Cao Moleca,** donde el suelo se funde con la laguna, mientras a lo lejos brillan los campanarios de Venecia. En diciembre, un belén flota sobre el agua. Pero sea cual sea la estación, este es uno de los puntos más bellos de la laguna.

CIRCUITO A PIE

Artesanía de Murano

El vidrio no lo inventaron los venecianos, pero, como tantas otras cosas, los artesanos de aquí lo llevaron a nuevas cotas. Los artículos de Murano son conocidos en todo el mundo. Los *fornaci* de la ciudad se trasladaron aquí en el s. XIII, por lo que es el lugar ideal para comprar cristalería.

INICIO	FINAL	DURACIÓN
Basilica dei Santi Maria e Donato	Venini	1,8 km; 35 min

1 Una alfombra de mármol

Murano es conocida por su cristal, pero la medieval **Basilica dei Santi Maria e Donato** también exhibe mármol, con su 'alfombra' del s. XII de formas geométricas y animales, todo hecho de mármol y piedras preciosas del Mediterráneo.

2 Estudiar el arte del vidrio

Todos los escaparates de la ciudad exhiben el arte del vidrio soplado a mano. Pero en el **Museo del Vetro** (Museo del Vidrio) el visitante sentirá un renovado respeto por esta tradición, al conocer sus raíces en Oriente Próximo y a los trabajadores renacentistas que la llevaron a cotas sublimes. Es pequeño, por lo que se puede disfrutar de todos los objetos expuestos.

3 Arte en cristal

Hay cristal de Murano y luego está el cristal de Murano de **Davide Penso.** Desde frondas de plantas que ondean suavemente hasta collares de alta costura, todo es muy llamativo. Su obra en cristal se ha expuesto en el Guggenheim y en varios museos del vidrio de todo el mundo.

4 Soplar vidrio

Se cruza el "gran" canal de Murano y se llega a pocos pasos de **Wave Murano Glass,** donde se puede realizar una visita guiada por el horno vanguardista, o bien asistir a una clase de soplado de vidrio de 2 h.

5 Ir a la iglesia

En la **Chiesa di San Pietro Martire,** unas sencillas arañas de Murano se balancean en el techo, iluminando obras de Bellini, Veronese y Tintoretto.

6 Ver 'maestri' trabajando

Se cruza otro canal y se va hacia el lado oriental de la isla. Se llega a **Original Murano Glass,** donde se puede ver una rápida exhibición de soplado de vidrio si todavía no se ha visitado Wave. Al volver a adentrarse en la isla, se pasa junto al famoso **faro** de Murano.

7 Alcanzar cotas artísticas

Venini, la primera empresa que convirtió el vidrio en arte, vende diseños clásicos de artistas como Carlo Scarpa, Gae Aulenti y Ron Arad. Los precios están a la altura, pero la calidad no tiene rival.

A
B
C
D
1
2
3
4
5
6
0
2 km
Palude della Rosa
Museo di Torcello
Basilica di Santa Maria Assunta
Chiesa di Santa Fosca
Casa Museo Andrich 3
Ponte del Diavolo
Palude dei Laghi
Torcello
Palude del Monte
Isola Buel del Lovo
Venissa Wine Resort 8
Laguna Fla
11
Mazzorbo 6
Burano
16
13
9
7
Chiesa di Santa Caterina
Museo del Merletto
Isola Carbonera
LAGUNA DE VENECIA
Isola della Madonna del Monte
Isola di San Francesco del Deserto
10
Convento di San Francesco del Deserto
Isola di Tessera
Isola di San Giacomo in Palude
Wave Murano Glass
Murano
Basilica dei Santi Maria e Donato
2
17
15
Original Murano Glass
18
20
14
19
Santa Chiara, la catedral de cristal
Isola del Lazzaretto Nuovo
5
I&S Farm
4
Sant'Erasmo
Cimitero di San Michele
1
Isola di San Michele
Le Vignole
Eolo 12
Canale di Treporti
Punta Sabbioni
Más información
Imprescindible p. 158
Experiencias p. 167
Comer p. 171
Beber p. 171
Comprar p. 171
Lido di Venezia
Porto del Lido
Golfo de Venecia
A
B
C
D

Presentar los respetos en el Cimitero di San Michele CEMENTERIO

PLANO: 1 P. 166 **A5**

Tal vez este sea el verdadero corazón de Venecia, flotando entre la belleza salvaje de la laguna norte y la ciudad. **San Michele,** que en su día fue una isla monasterio (dos monasterios, para ser exactos), fue designada como el cementerio de Venecia, durante el dominio de Napoleón. Desde entonces, se ha convertido en un cementerio precioso, con cipreses que recortan el horizonte del atardecer entre las tumbas monumentales.

En la zona protestante están enterrados mayormente extranjeros famosos que amaron la ciudad, desde Joseph Brodsky a Ezra Pound y Olga Rudge. La tumba de Serguéi Diáguilev, en la sección ortodoxa griega (cerca de su amigo), siempre está decorada con zapatillas de *ballet*.

Al salir se encuentra una sección hipermoderna, diseñada por David Chipperfield. Es para enterramientos más recientes.

Navegar con un pescador NAVEGACIÓN

Andrea Rossi, pescador de quinta generación, pesca a mano para los mejores restaurantes de Venecia. En su tiempo libre, lleva a pequeños grupos a la salvaje laguna norte. Navegando por canales poco profundos, parando en bancos de arena y observando los flamencos rosas se descubre una Venecia distinta.

Andrea y su compañero de pesca Michele muestran las aves que planean sobre la laguna (a destacar los ibis, con sus picos curvos), los asentamientos isleños en ruinas y las cañas y redes de madera utilizadas por los pescadores durante siglos. Se llama **Venice Bird Watching** y es una experiencia extraordinaria.

Ver una alfombra de mármol en la Basilica dei Santi Maria e Donato IGLESIA

PLANO: 2 P. 166 **A4**

El famoso suelo de la **Basilica di San Marco** siempre está cubierto de miles de pies, pero su homólogo de Murano suele estar vacío.

Con una "alfombra" de mármol del s. XII de formas geométricas, pavos reales, grifos e incluso un par de grillos enamorados, es impresionante. Al salir, no hay que perderse el crucifijo de cristal del maestro de la década de 1970 Ermanno Nason.

Rodearse de arte en la Casa Museo Andrich MUSEO

PLANO: 3 P. 166 **D2**

Pocas personas amaron Torcello como el artista del s. XX Lucio Andrich, que fue uno de los pocos residentes de la isla junto a su esposa Clementina. La pareja vivió aquí durante décadas, creando arte hasta que Lucio murió en el 2003. Su sobrino Paolo convirtió su casa en un **museo** viviente, y hasta su defunción en el 2021 solía hacer visitas guiadas por la propiedad.

Actualmente, Andrea Reggianini (amigo de Paolo) mantiene encendida la antorcha de los Andrich, ofreciendo visitas de 1 h durante los fines de semana por esta casa llena de arte (no hay que perderse los tapices que Lucio y Clementina cosieron juntos), mosaicos (Lucio enseñaba este arte en la Accademia de Venecia) y los jardines que se funden con la laguna.

Comer de la laguna en la I&S Farm — GRANJA

PLANO: 4 P. 166 **D4**

En el 2014, Savino e Ilaria Cimarosto dejaron sus trabajos habituales para comprar una **granja ecológica** en Sant'Erasmo, el huerto de la laguna desde la época de los dux. Hoy producen las famosas alcachofas de Sant'Erasmo, así como una gran variedad de verduras, achicoria, delicadas lechugas de vetas rosadas y mucho más.

También elaboran patés, cremas y mermeladas con sus productos. Todo esto se puede probar en una visita de 2½ h, en la que enseñan cómo cultivan en las *barene* (marismas) y ofrecen una degustación. Auténtico sabor de Venecia, además de un buen ejemplo de turismo responsable.

Vivir una cuarentena en el Lazzaretto Nuovo — ISLA

PLANO: 5 P. 166 **C4**

Si históricamente Sant'Erasmo era el lugar más fértil de la laguna, la isla vecina fue todo lo contrario. En 1468, en tiempos de peste, fue designada Lazzaretto Nuovo, o "nuevo lazareto".

Los comerciantes y marineros que llegaban del extranjero eran aislados aquí durante 40 días, y sus mercancías eran "desinfectadas" con humo y vinagre en el **Tezon Grande,** el enorme almacén central. De abril a octubre se organizan visitas guiadas de 1 h, que incluyen un paseo por la isla para aprender sobre las *barene.*

Disfrutar de la vida isleña de Mazzorbo — ISLA

PLANO: 6 P. 166 **D2**

A pesar de que está unida a Burano por una pasarela, la tranquila **Mazzorbo** es como un mundo aparte. Se recomienda dedicarle 1 h.

PESCAR CANGREJOS

Los *moeche* son cangrejos blandos, capturados cuando mudan el caparazón, apreciados desde la época de los dux. Los pescan dos veces al año los *moecanti,* que despliegan sus redes en la laguna. Actualmente la pesca del cangrejo es un arte en extinción, debido en gran parte al cambio climático. Sin embargo, los pocos *moecanti* que quedan están desesperados por preservarla. Para quien hable italiano, el *moecante* Domenico Rossi de Pesca Turismo Nettuno puede llevar en su *bragozzo* (barco pesquero de fondo plano) para enseñarle a pescar.

Desde el embarcadero del *vaporetto*, se sigue el paseo marítimo en dirección a Venecia, recorriendo el canal de Mazzorbo, entre viñedos y huertos. Al final se encuentra la **Chiesa di Santa Caterina** (PLANO: 7 P. 166 **D3**), reconstruida en el s. XIII y con la campana más antigua de la laguna (de 1318). El interior es una sencilla joya románica: paredes de ladrillo liso y ventanas altas y estrechas, con un tejado del s. XV tallado en forma de quilla de barco y un balcón con rejas para ocultar de las miradas a las monjas residentes.

Si se da media vuelta, el primer camino que sale a la derecha permite rodear la isla por un paseo arbolado con vistas de Burano al otro lado del agua. Al final, se gira a la izquierda; lo que parece un parque son los viñedos de Venissa.

Catar el vino de los dux en Venissa

CATA DE VINOS

PLANO: 8 P. 166 **D2**

En tiempos de La Serenissima, había un vino apreciado por encima de todos los demás: el blanco Dorona, cultivado en la laguna. Una uva que se creía extinguida fue redescubierta por la familia Bisol (gigantes del *prosecco* veneciano), que la plantó en un viñedo de Mazzorbo.

Actualmente, **Venissa** produce dos vinos Dorona y dos tintos procedentes de un viñedo de una isla cercana. Las catas (a partir de 45 min) tienen lugar en un edificio acristalado con vistas a los viñedos. Se recorre el viñedo antes de saborear una selección de blancos, tintos o añadas raras de su preciado Venissa: Dorona de primera categoría.

También hay un restaurante con estrella Michelin en el interior y una *osteria* (taberna) más informal en el viñedo. Sus platos modernos con ingredientes de la laguna son magníficos.

Aprender sobre el encaje en el Museo del Merletto

MUSEO

PLANO: 9 P. 166 **D3**

Puede que el arte del encaje no le parezca muy estimulante a todo el mundo, pero tal vez se cambie de opinión tras 30 min en este pequeño museo de la plaza principal de Burano (en la antigua escuela de encaje de la isla).

Un documental fascinante cuenta que en el Renacimiento toda dama que se preciara confeccionaba encaje, que el rey de Francia quedó tan impresionado por las encajeras venecianas que secuestró a un grupo de ellas para llevárselas a Versalles, y que las mujeres de las comunidades obreras (como Burano) eran explotadas para producir encaje.

La reina Margarita de Saboya fundó la Scuola di Merletto de Burano en 1872 para dar trabajo a las mujeres de la zona. Cerró en 1970, pero arriba, entre delicadas piezas de encaje del s. XVI, se encuentra a las últimas *merlettaie* de la isla cosiendo (casi cada mañana de 10.00 a 13.00).

ORÍGENES MÍTICOS

En Venecia se cuenta la historia de unos refugiados que huían de los bárbaros que asolaban tierra firme en el s. v, pero unas investigaciones recientes demuestran que se trata de un mito. De hecho, la laguna estuvo habitada al menos desde la época romana: los arqueólogos han encontrado restos de centros de producción de sal y pescado en toda la laguna norte, incluida Torcello. Al parecer, el mito se creó durante la República como propaganda. Venecia quería ser la ciudad singular fundada por tribus nativas, no por romanos, para erigirse como una soberana de los mares designada casi divinamente.

Ver el arte del vidrio en el Museo del Vetro

MUSEO

véase PLANO: 2 P. 168 **A4**

Como se aprende en el **Museo del Vetro** de Murano, la fabricación de vidrio se perfeccionó en Oriente Próximo. Los comerciantes venecianos medievales se apropiaron de la técnica siria y la trajeron a casa, donde los trabajadores de Murano la llevaron a nuevas cotas en el Renacimiento. Es una historia increíble de técnicas perdidas y recuperadas, que infunde respeto.

Retroceder en el tiempo en San Francesco del Deserto

MONASTERIO

PLANO: 10 P. 166 **D3**

En la época medieval, las islas se convirtieron en refugios monásticos. Una visita al **Convento di San Francesco del Deserto** hace retroceder el tiempo hasta el año 1200, cuando se construyó el primer monasterio en esta isla cercana a Burano. Se dice que san Francisco se detuvo aquí y estuvo en comunión con los pájaros, y en cierto modo nada ha cambiado. Aquí el visitante estará solo con la naturaleza.

Sigue siendo un monasterio en activo, pero los monjes permiten visitas todos los días excepto los lunes, de 9.00 a 11.00 y de 15.00 a 17.00. Las visitas son en italiano, pero no hace falta entender las palabras para impregnarse de la tranquilidad. Para llegar hasta aquí, se toma el servicio diario de verano que sale de Burano a las 14.30 en un *bragozzo* tradicional pintado con **Laguna Fla** (PLANO: 11 P. 166 **D2**).

Catar la laguna en Eolo

RESTAURANTE ACUÁTICO

PLANO: 12 P. 166 **B5**

Mauro Stoppa combina en su barco *Eolo* dos de las actividades más apreciadas de Venecia: navegar y comer. Si bien el *bragozzo* tradicional está amarrado en la isla de Vignole y no navegará hasta nuevo aviso, aún se puede comer en él.

Se toma el *vaporetto* hasta Vignole, cerca de Murano. A bordo del *Eolo* hay un restaurante de pescado y marisco de la laguna y verduras de Sant'Erasmo. Hasta que vuelva a surcar las aguas, se puede disfrutar de su comida.

Lo mejor para...

€ Económico €€ Medio €€€ Alto

Localizaciones en el plano de la p. 166

Comer

Clásicos de la laguna

Trattoria al Gatto Nero €€€
13 D3
Restaurante familiar que sirve pescado fresco de la laguna en un canal de Burano desde 1965. El *risotto* de gobio es excelente. *12.30-15.00 ma-do, y 19.30-21.00 ma, vi y sa*

Trattoria Da Romano €€
véase 9 D3
En este veterano restaurante de Burano cuelgan unos 100 cuadros, entre ellos algunos de un antiguo cliente habitual, el artista Emilio Vedova. *12.00-15.00 mi-lu*

Buen pescado

Acquastanca €€
14 A4
El cristal resplandece en este encantador restaurante de Murano, especializado en pescado y marisco y platos venecianos. *12.00-15.00 lu-sa, y 19.00-21.30 lu y sa*

Busa alla Torre €€
15 A4
Ha recibido muchos elogios, pero nunca ha perdido su espíritu sencillo y acogedor. Hay que preguntar por los platos del día. *11.30-15.45*

Para picar algo

Ninfea €
16 D2
Esta *gelateria-pasticceria* sirve helado casero, dulces y tentempiés. *8.00-20.00 lu y mi-vi, hasta 21.30 sa y do*

Beber

Copas con vistas

In Pescaria Vecia
véase 13 D3
Vistas espectaculares de Burano, Mazzorbo y Venecia desde este bar situado en el extremo sur de la isla. *9.30-20.30*

Rivalonga Bar
17 A4
Con sus mesas sobre el gran canal de Murano, es magnífico para tomar el sol. *7.30-22.30*

Bar Navagero
18 A4
Las mesas junto al canal hacen de este sencillo bar de Murano una parada obligada para degustar vinos por copas, *spritz* y tablas de embutidos. *8.00-19.00*

Comprar

Artistas del cristal

Lucevetro
19 A5
Cecilia Cenedese, vecina de Murano, diseña todo tipo de objetos, desde vasos a esculturas, y encarga a los maestros artesanos de la isla que los preparen para su tienda. *10.00-18.00*

Marina e Susanna Sent Studio
20 A4
Cuarta generación de una familia de vidrieros. La herencia de las hermanas Sent se refleja en la joyería contemporánea, desde collares de cuentas hasta piezas muy llamativas. *10.00-17.00 lu-vi*

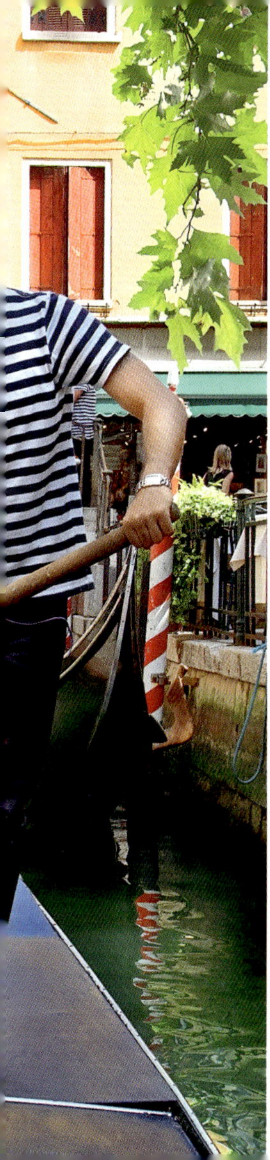

Guía práctica

Gondolero, Venecia.
GIVAGA/GETTY IMAGES ©

Viajar en familia

Venecia y los niños no son la combinación más fácil: mucho caminar, muchos puentes y mucha cultura. Pero si se mira más allá, es sorprendente lo mucho que ofrece la ciudad, incluso para los más pequeños.

Cómo desplazarse

Venecia es una ciudad en la que se camina mucho y, aunque los niños mayores no deberían tener problemas, puede resultar agotador para los más pequeños (y todavía más para los padres, si tienen que llevar un cochecito o una sillita de bebé por puentes y aceras irregulares). Los *vaporetti* son caros, pero también la mejor opción, ya que en todos hay espacio para un cochecito.

¡A JUGAR!

De los pocos espacios verdes que hay en Venecia, el mejor es el parque junto al mar de Sant'Elena, con una pequeña zona infantil a la sombra de los árboles y bancos para padres cansados. Hay un quiosco que vende bebidas y tentempiés.

Hacer clases

Las principales tradiciones de Venecia son aptas para niños. Se puede hacer una clase de fabricación de máscaras para dar rienda suelta a la creatividad mientras artesanos como Hamid Seddighi de Ca' del Sol (p. 134) supervisan las creaciones. Para los niños más mayores y los adolescentes hay mucha oferta: desde clases de serigrafía en Fallani hasta clases de remo en Row Venice. Y lo que es mejor, estas actividades apoyan a artesanos y pequeños negocios locales.

Comer fuera

Las pizzerías son una buena opción para niños, y a los mayores les encantará probar los *cicchetti* (tapas venecianas) y los *tramezzini* (sándwiches triangulares); eso sí, mejor acudir a un bar-cafetería normal en lugar de un *bacaro* (taberna).

Los venecianos y los niños

Los venecianos tienen fama de que no les gustan los turistas, pero si se viaja con niños, es sorprendente lo rápido que se abren.

Al aire libre

GRATIS

Los dos puntos de interés principales de Venecia, Piazza San Marco (p. 48) y la zona de Rialto (p. 89), están al aire libre y son gratuitos. Incluso los niños con fobia a los museos los disfrutarán.

CRISTIAN STORTO FOTOGRAFIA/GETTY IMAGES ©

Alojamiento

Los hoteles de Venecia son caros para ser Italia, pero hay muchos establecimientos familiares de una y dos estrellas de precio más bajo.

Si te gusta...

La vida nocturna

Cannaregio (p. 109) Desde la franja de bares de Fondamenta della Misericordia hasta los populares locales de *cicchetti* de camino a Rialto, el animado Cannaregio es el lugar donde hay que estar cuando se pone el sol.

La historia

San Marco (p. 37) Con sus callejuelas que dan a iconos como la *piazza*, Rialto o La Fenice, San Marco es pura historia y esplendor.

La arquitectura

San Polo (p. 83) Callejuelas estrechas, portales inclinados y algunos de los edificios más antiguos de la ciudad: San Polo es un bufé libre de arquitectura veneciana. Los alojamientos suelen ser pequeños hoteles-*boutique*.

El lujo

Giudecca (p. 141) Sus vistas de San Marco al otro lado del agua hacen que Giudecca haya atraído a innumerables hoteles de lujo. Aquí los alojamientos suelen ser más espaciosos que en el centro.

La naturaleza

Islas del sur (p. 141) Para alejarse de todo, se puede cambiar la ciudad por el mar. La laguna sur alberga hoteles lujosos en islas privadas.

IMPRESCINDIBLE

Nos encanta...

Castello (p. 125)
El barrio de Castello, adyacente a la bulliciosa San Marco, repleto de cosas que hacer y atravesado por algunas de las rutas de paseo más bellas de Venecia, es la zona más polifacética. Dispone de toda la gama de alojamientos, desde opciones económicas hasta lujosos *palazzi*. Es el *sestiere* (barrio) más grande; tal vez haya que caminar un poco hasta los principales lugares de interés.

CUÁNTO CUESTA

Cama en dormitorio compartido desde **30 €**

Hotel de precio medio desde **80 €**

Hotel con vistas al Gran Canal desde **250 €**

Comida, bebida y fiesta

Alergias e intolerancias

Las alergias alimentarias se toman en serio siempre que se comuniquen con claridad: se puede añadir la frase *Se lo mangio, muoio* ("si me lo como, me muero") a las expresiones siguientes para enfatizar. La mayoría de las cartas incluye una lista de alérgenos o tienen una política claramente comunicada.

CÓMO SE DICE

Soy alérgico/a a	*Sono allergico/a a...*(m/f)
frutos secos	*frutta a guscio*
crustáceos	*crostacei*
gluten	*glutine*
productos lácteos	*latticini*

?

CÓMO PREGUNTAR

¿Es sin gluten?
È senza glutine?
¿Contiene frutos secos?
C'è frutta a guscio dentro?
¿Hay una versión vegana?
C'è una versione vegana?

BACARI

Los restaurantes de Venecia tienden a ser caros, pero se puede hacer una comida completa a base de *cicchetti* (tapas). Mientras que la mayoría de los bares ofrecen rebanadas de pan con ingredientes diversos, un *bacaro* (taberna) tradicional también tendrá platos de verdad, que sirven como pequeños principales. Ideales acompañados por una *ombra* (copita de vino).

Comer tradicional

No todo en la vida es *pizza* y pasta; la cocina tradicional veneciana gira en torno al pescado, el marisco y la polenta. Algunas recetas tienen siglos de antigüedad, como la *sarde in saor* (sardinas en escabeche con pasas y piñones), cuyo sabor agridulce se remonta a los tiempos de La Serenissima.

Pagar la cuenta

No se recibe la cuenta hasta que se pide. Basta con llamar la atención del camarero y decir: *Il conto, per favore. Posso pagare con carta?* significa "¿Puedo pagar con tarjeta?". El dinero en efectivo *(contanti)* es el rey.

Partirse la cuenta Hay que preguntar si se puede partir la cuenta, ya que no es algo que se dé por hecho. Hay que decir amablemente: *'Possiamo dividere?'.* A medias se dice: *metà metà.*

Propinas Los italianos no suelen dejar mucha propina, y en los restaurantes se cobra un *coperto* (cubierto), pero en Venecia es apropiado redondear unos euros o más (hasta el 10%) en un establecimiento con clase.

PRECIOS

Los siguientes rangos se refieren al coste medio de un plato principal.

€ menos de 12 €
€€ 12-25 €
€€€ más de 25 €

HORARIOS

Cafeterías y bares normales 8.00-20.00 (los bares italianos sirven también cafés)
Bacari 12.00-23.00
Restaurantes 12.30-14.00, 19.30-22.30

Salir

'Bacari' En lugar de ir a la discoteca, en Venecia se bebe a la antigua usanza, y no hay mejor lugar para hacerlo que un *bacaro*, el equivalente veneciano a un bar o taberna. Se beben *ombre* (copitas de vino), vinos normales por copas o el popular *spritz*. Y todo se acompaña con *cicchetti*.

La hora del 'aperitivo' Antes de la cena, es habitual tomar un atractivo *spritz* anaranjado: normalmente se hace con *prosecco*, gaseosa y un licor amargo. El más popular es el Aperol, seguido del Campari, más rojo y amargo... pero el auténtico *spritz* veneciano se prepara con Select casero. El licor de alcachofa Cynar es un sabor que se ama o se odia.

Acompañar las bebidas La mayoría de los bares ofrece un cuenco de patatas fritas o frutos secos con cada bebida, pero para vivir una auténtica experiencia veneciana, hay que pedir un pequeño plato de *cicchetti* para picar mientras se bebe.

CUÁNTO CUESTA

Café
1,50 €

Copa de vino
4 €

'Spritz'
5 €

'Cicchetto'
(tapa) 2 €

Helado
2,50 €

'Pizza'
10 €

Plato de pasta
15 €

'Fritto misto'
(bandeja de fritura)
22 €

ZERBOR/SHUTTERSTOCK ©

Comunidad LGTBIQ+

Venecia no tiene un "circuito LGTBIQ+" como tal, pero el viajero no debería encontrarse problemas. La ciudad tiene una larga tradición como lugar de tolerancia.

Importante

El viajero no debería tener ningún problema para registrarse en hoteles o locales en pareja. Venecia es un destino tolerante desde hace siglos, y los incidentes de intolerancia suelen ser aislados.

No hay un **barrio gay,** ya que es una ciudad con escasa vida nocturna. Pero el **Campo Santa Margherita** (p. 73) es la zona de bares más animada para los estudiantes, mientras que **Fondamenta della Misericordia** (p. 119) es un poco más elegante.

El **Orgullo** suele ser una celebración pequeña y local, con una marcha relajada por la ciudad. Probablemente no valga la pena planificar el viaje en torno a ella, pero los carteles que se colocan en la ciudad antes de la fecha indican dónde empieza.

Padua, 30 min al oeste en tren, tiene un circuito mucho más animado; el grupo local Tra L'Altro (tralaltro.it) que organiza eventos y soporte.

IMPRESCINDIBLE

Trash & Chic

La mejor opción para una noche de fiesta LGTBIQ+ es **Trash & Chic,** una fiesta mensual que suele celebrarse en Marghera, en tierra firme, cerca de la estación de tren de Mestre (lo ideal es ir en taxi). También hay eventos más alejados, como en **Padua** o **Noale.**

FHM/GETTY IMAGES ©

CIRCUITO CONTINENTAL

Si se busca un auténtico circuito LGTBIQ+, se recomienda ir a Mestre, en tierra firme, donde hay algunos bares (como L'Altro Verdi) y una sauna, Metrò Venezia Club.

LA BIENNALE DI VENEZIA

La Bienal es, por supuesto, un entorno tolerante con la comunidad. Entradas y consulta de fechas con este código QR.

Aliados

Es más probable enfrentarse a los prejuicios de otros visitantes que de los propios venecianos. Hay que elegir bares donde el personal haya sentir cómodo: por ejemplo, el camarero de **Al Campanile** (p. 59) echó una vez a un turista que hacía comentarios sobre unos amigos nuestros.

Salud y seguridad

Venecia es un destino extremadamente seguro a todos los niveles: el único riesgo real en el centro de la ciudad son los carteristas.

BEBER AGUA

El agua del grifo de Venecia es potable, a pesar de lo que digan los lugareños (a los italianos les encanta el agua embotellada). En restaurantes y cafeterías, se puede pedir agua del grifo, pero lo más probable es que pregunten: "¿Con o sin gas?".

Farmacias

Las farmacias italianas cuentan con personal muy cualificado, pero los precios suelen ser astronómicos. También suelen dar más importancia a los remedios herbales que a los farmacéuticos (como un espray de propóleo antes que un antitusígeno para el dolor de garganta). El farmacéutico despacha medicamentos sujetos a prescripción médica según su criterio, aunque a precios elevados (por ejemplo, 50 € por un inhalador para el asma). Para ahorrar dinero hay que llevar los medicamentos habituales, con o sin receta.

Primeros auxilios

El hospital de la ciudad está en Castello. Hay puntos de primeros auxilios para turistas (Punto di Prima Soccorso) en Piazza San Marco y en Piazzale Roma.

Carteristas

El centro de Venecia es seguro, pero hay un problema cada vez mayor con los carteristas (hay vídeos virales de Monica Poli, conocida como la señora de *"Attenzione pickpocket"*). No hay que llevar mochilas en zonas concurridas o en los *vaporetti*, y hay que ir con cuidado en las calles de alrededor de San Marco, en los embarcaderos del *vaporetto* y especialmente en la estación de tren.

MULTAS POR MAL COMPORTAMIENTO

Las normas de Venecia prohíben, entre otras cosas, bañarse en los canales, dar de comer a los pájaros y hacer pícnic en la calle. Las multas llegan hasta los 500 €; véase *Turismo responsable* (p. 180).

A TENER EN CUENTA

Seguridad

Venecia de noche es segura, aunque hay que tener cuidado en Campo Santa Margherita y el mercado de Rialto.

Privacidad

Italia tiene leyes estrictas al respecto; preguntar antes de fotografiar a alguien.

Drogas

La posesión se castiga con penas de hasta 22 años de cárcel.

Turismo responsable

Es conocido el exceso de turismo de Venecia. Se recomienda seguir estos consejos para proteger la frágil ciudad y a sus habitantes.

Comprar a artesanos

Una de las formas de conseguir un mayor impacto es comprar a los artesanos en lugar de en tiendas de recuerdos. ¿Cómo distinguirlos? La mayoría de los artesanos trabajan en sus propias tiendas y estarán encantados de explicar cómo fabrican sus productos. Los precios son más altos, pero el viajero estará apoyando a una pequeña iniciativa local y tendrá algo único que llevarse a casa.

Dormir en hoteles

Las estancias en Airbnb hacen que se disparen los precios de los alquileres y provocan el éxodo veneciano: ya hay más pisos de alquiler que viviendas en Venecia. Hay que alojarse en un hotel, preferiblemente de propiedad local.

Se recomienda alojarse en el centro, en lugar de en tierra firme. Así no solo se ayuda a los negocios locales, sino que se ve Venecia vacía por la noche: un espectáculo mágico.

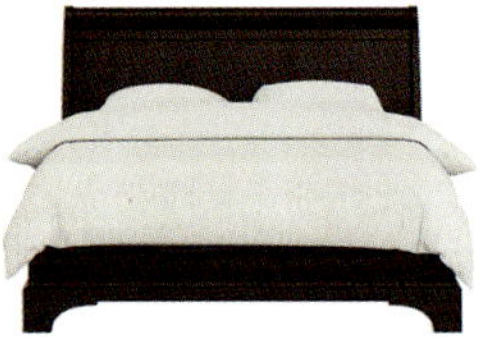

DESDE LA IZDA.: KAYA/SHUTTERSTOCK ©, HAPPYAPRILBOY/SHUTTERSTOCK ©, IABLONSKYI MYKOLA/SHUTTERSTOCK ©

IMPRESCINDIBLE

Venezia Autentica

Venezia Autentica (veneziaautentica.com) recopila tiendas, restaurantes y actividades gestionadas de forma sostenible por residentes locales. Se recomienda consultar sus listas antes de reservar o comprar.

Recursos

Estas webs son útiles para hacer compras y alojarse de forma responsable, así como para estar al día de las noticias locales (véanse los códigos QR a la derecha).

Para compras sostenibles y experiencias impactantes, **veneziaautentica.com.** Para alquileres de propiedad local si hace falta cocina propia, **fairbnb.coop.** Para información útil sobre Venecia, **ytali.com.**

venezia autentica.com

fairbnb.coop

ytali.com

RESPETAR VENECIA

Esta ciudad, famosa por su fragilidad, necesita más cuidados que otros destinos. De ahí las estrictas normas "Enjoy Respect Venezia". No bañarse en los canales, no dar de comer a los pájaros ni hacer pícnics en la calle. No ir en bañador, no tirar basura ni montar en bicicleta (o llevarla). Las infracciones se castigan con multas de hasta 500 € y prohibiciones temporales de acceso a la ciudad. Para más información, consúltese comune.venezia.it/en/content/comportamenti-vietati.

Repartirse

Venecia es lo bastante grande para acoger a todos los visitantes que llegan. El problema es que casi todo el mundo va a los mismos lugares. Se recomienda quedarse más tiempo (al menos cinco noches), de modo que el viajero tendrá tiempo para dispersarse, y de paso ver la ciudad auténtica. Dar un paseo en bicicleta por el Lido y cruzar a Pellestrina, navegar por la laguna norte con un pescador de Burano, e incluso probar todos los bares de Fondamenta della Misericordia. Dedicar más tiempo no solo significa que el viaje dejará más huella, sino también que se le sacará mucho más partido.

BEBER AGUA

Venice Tap Water (venicetapwater.org) tiene un mapa de todas las fuentes de agua para beber en la ciudad.
Escanea este código QR para encontrar la más cercana.

El cambio climático y los viajes

Es imposible ignorar el impacto de nuestros viajes y la importancia de hacer cambios. Lonely Planet anima a todos los viajeros a involucrarse en su huella de carbono. Muchas webs de líneas aéreas y sitios de reservas ofrecen la opción de compensar el impacto de los gases de efecto invernadero realizando donaciones para iniciativas respetuosas con el clima en todo el mundo.

Hay muchas calculadoras de carbono por internet que permiten a los viajeros estimar las emisiones de carbono generadas por sus viajes; se puede probar **resurgence.org** a través del código QR de la derecha.

Accesibilidad

Descuentos en 'vaporetto'

Los pasajeros en silla de ruedas pagan 1,50 € por un billete de *vaporetto* de 75 min (en lugar de 9,50 €). Un acompañante va gratis. Otras personas con problemas de movilidad pagan el precio completo, así que vale la pena adquirir un abono (desde 25 € por 24 h hasta 65 € por una semana), ya que Venecia es una ciudad en la que se camina mucho.

Cómo desplazarse

Moverse por Venecia puede ser más fácil de lo que se imagina. En lugar de los adoquines habituales de Italia, las calles de Venecia están revestidas de grandes losas de piedra, que sin duda resultan más fáciles para las sillas de ruedas eléctricas. Los puentes de la Riva degli Schiavoni y Zattere están equipados con rampas.

DISCAPACITADOS VISUALES

La guía Luisella Rome (seevenice.it) ofrece visitas para personas con discapacidad visual; su Boat Tour cuenta la historia de Venecia a través del agua. Algunos miembros de Best Guides (bestveniceguides.it) están cualificados.

Por agua

Gondolas4all fue noticia por ser la primera góndola de Venecia accesible en silla de ruedas, pero cerró por falta de financiación. Ahora, lo más parecido es un taxi acuático accesible; se puede reservar en sanitrans.net.

IMPRESCINDIBLE

Los usuarios en sillas de ruedas y un acompañante tienen entrada gratuita al **Palazzo Ducale** (p. 44), y en el interior hay ascensores, así como rampas para salvar los escalones más pequeños. Uno de los pocos espacios inaccesibles es el Puente de los Suspiros, pero es mejor desde el exterior: un puente equipado con rampa sitúa justo frente a él. Las prisiones y la armería tampoco son accesibles (ni las visitas de Itinerarios Secretos), pero no es imprescindible verlas.

RUTAS SIN ESCALONES

El Ayuntamiento ha elaborado una lista de itinerarios sin escalones (veneziaunica.it/en/content/itineraries-without-barriers). Tiene muchas ideas, pero es solo en italiano.

Recursos

- **romeanditaly.com/accessible** Viajes accesibles por Italia. Para Venecia, se puede organizar desde transporte de punto a punto hasta visitas privadas por la laguna.

Lo esencial

Horario comercial

Varían según el lugar y la temporada (los bares y restaurantes los amplían de abril a finales de septiembre).

Bancos 8.30-13.30 lu-vi, algunos hasta 13.00 sa

Cafeterías/bares 8.00-20.00

Restaurantes 12.30-14.00, 19.30-22.30

Tiendas 10.00-13.00, 16.00-19.00

Supermercados 8.30-20.00, algunos hasta 13.00 do

Museos 10.00-17.00, algunos desde 8.30

A TENER EN CUENTA

Hora local Hora central europea (GMT/UTC +1 h)

Prefijo telefónico ciudad 041

Emergencias 112

Población 50,000 hab.

ELECTRICIDAD

120V/60Hz

Fiestas oficiales

La mayoría de empresas y comercios cierran en agosto, sobre todo en torno a Ferragosto. Bancos, empresas y tiendas cierran los días siguientes:

Capodanno (Año Nuevo) 1 de enero

Epifania (Reyes) 6 de enero

Pasqua/Pasquetta (Semana Santa) marzo/abril

Giorno della Liberazione (Día de la liberación) 25 de abril

Festa del Lavoro (Día del Trabajo) 1 de mayo

Festa della Repubblica (Día de la República) 2 de junio

Ferragosto (Asunción) 15 de agosto

Ognissanti (Todos los Santos) 1 de noviembre

Festa dell'Immacolata Concezione (Inmaculada Concepción) 8 de diciembre

Natale (Navidad) 25 de diciembre

Santo Stefano (San Esteban) 26 de diciembre

Fumar y beber

Está prohibido fumar en espacios cerrados, incluidos restaurantes, bares, tiendas y transporte público. La edad legal para consumir alcohol es de 16 años.

Idioma

Lo básico

Hola.
Buongiorno.
buon·*jor*·no

Adiós.
Arrivederci.
a·rri·ve·*der*·chi

Hola/Adiós.
Ciao. (inf) chao

Sí/No.
Sì./No. si/no

Por favor.
Per favore.
per fa·*vo*·re

Gracias.
Grazie. *gra*·dsie

De nada.
Prego. *pre*·go

Disculpe.
Mi scusi.
mi *sku*·zi

Lo siento.
Mi dispiace.
mi dis·*pia*·che

Frases útiles

¿Habla español?
Parla/Parli spagnolo?
(for/inf) *par*·la/*par*·li spa·ño·lo

No le entiendo.
Non capisco. non ka·*pis*·ko

Me gustaría...	**Vorrei...**	vo·*rrei*...
un café	**un caffè**	un ka·*fe*
la carta	**il menù**	il me·*nu*
dos cervezas	**due birre**	*du*·e *bi*·rre
una mesa (para tres personas)	**un tavolo (per tre persone)**	un *ta*·vo·lo per tre per·*so*·ne

¿Puede hablar más despacio?
Vorrei il conto, per favore.
vo·rrei il *kon*·to per fa·*vo*·re

¿Cuánto cuesta?
Quanto costa? *kuan*·to *kos*·ta

¿Puede hablar más despacio?
Può/Puoi parlare più lentamente, per favore?
(for/inf) puo/puoi par·*la*·re piu len·ta·*men*·te per fa·*vo*·re

¿Dónde está...	**Dov'è...**	do·*ve*...
la estación?	**la stazione?**	la sta·*dsio*·ne
el baño?	**il bagno?**	eel *ba*·ño
el cajero más cercano?	**il Bancomat più vicino?**	il *ban*·ko·mat piu vi·*chee*·no

¿Puede darme un recibo, por favor?
Può darmi una ricevuta, per favore?
puo *dar*·mi *u*·na ri·che·*vu*·ta per fa·*vo*·re

Números

1	2	3	4	5
uno	**due**	**tre**	**quattro**	**cinque**
u·no	*du*·e	*tre*	*kua*·tro	*chin*·kue

Información útil

Muchos sonidos en italiano también existen en español. Conviene recordar que la **z** suena como ts, la **r** se pronuncia fuerte y la **c** suena como la ch cuando precede la "i" o la "e".

El italiano tiene tres palabras para la segunda persona. Se usa la forma educada **'Lei'** si se habla con un extraño, un agente o alguien mayor. Con personas conocidas o más jóvenes, se puede usar la forma informal **'tu'**. Para un grupo de personas, se recurre a **'voi'**. Los verbos tienen un final distinto para cada persona, como en español.

La útil palabra **'prego'** tiene varios significados, como "de nada", "adelante" o "siguiente, por favor".

FALSOS AMIGOS

Aviso: muchas palabras italianas se parecen a palabras españolas pero pueden tener significados distintos; p. ej., **'camera'** es habitación, no cámara (usan **'macchina fotografica'**) y **'stampa'** es la prensa o los medios, no una estampa (**'vignetta'**).

Señalización

Entrata/ingresso Entrada
Uscita Salida
Aperto Abierto
Chiuso Cerrado
Informazioni Información
Proibito/vietato Prohibido
Gabinetti/servizi Aseos
Uomini Hombres
Donne Mujeres

Avisos

Il Suo passaporto. il *su*·o pa·sa·*por*·to
Su pasaporte.

Il treno è in ritardo/cancellato.
il *tre*·no e ri·*tar*·do/kan·che·*la*·to
El tren se ha retrasado/cancelado.

10 EXPRESIONES PARA SONAR COMO UN ITALIANO

¿Qué hay? Cosa c'é?
¿Todo bien? Tutto a posto?
Todo va bien. Va bene.
¡Fantástico! Fantastico!
Es cierto. È vero.
Claro. Certo.
¡Ni hablar! Per niente!
¡Estás de broma! Scherzi!
¡Ojalá! Magari!
¿En serio? Davvero?

6	7	8	9	10
sei	**sette**	**otto**	**nove**	**dieci**
sei	*se*·te	*o*·to	*no*·ve	*die*·chi

Índice

Puntos de interés p. 000
Págs. de los planos p. 000

Véanse también los subíndices:
Comer p. 189
Beber p. 190
Comprar p. 190

Comer

Beber

Comprar

La opinión del lector

Nos encanta escuchar a los viajeros, ya que con sus comentarios nos ayudan a mejorar nuestros libros. Podéis escribirnos a lonelyplanet.com/contact; leemos todos los mensajes y garantizamos que estos lleguen a los autores.

Nota: Es posible que algunos fragmentos de estos mensajes aparezcan en nuevas ediciones de las guías Lonely Planet, en la web o en productos digitales. Si preferís que vuestro contenido o nombre no sean publicados, por favor, indicadlo claramente. Para obtener una copia de nuestra política de privacidad, podéis visitar lonelyplanet.com/legal.

geoPlaneta
Av. Diagonal 662-664, 08034 Barcelona
www.geoplaneta.com – www.lonelyplanet.es

Lonely Planet Global Limited
Lonely Planet Global Limited, Digital Depot,
The Digital Hub, Dublín D08 TCV4, Irlanda
www.lonelyplanet.com
Contacta con Lonely Planet en: lonelyplanet.com/contact

Aunque Lonely Planet, geoPlaneta y sus autores y traductores procuran que la información sea lo más precisa posible, no garantizan la exactitud de los contenidos de este libro, ni aceptan responsabilidad por pérdida, daño físico o contratiempo que pudiera sufrir cualquier persona que lo utilice.

Venecia de cerca
7ª edición en español – enero del 2025
Traducción de *Pocket Venice*, 7ª edición – septiembre del 2024
© Lonely Planet Global Limited
1ª edición en español – abril del 2009

Editorial Planeta, S.A.
Av. Diagonal 662-664, 7º. 08034 Barcelona (España)
Con la autorización para la edición en español de Lonely Planet Global Limited, Digital Depot,
The Digital Hub, Dublín, D08 TCV4, Irlanda

© Textos y mapas: Lonely Planet, 2024
© Fotografías: según se relaciona en cada imagen, 2024
© Edición en español: Editorial Planeta, S.A., 2025
© Traducción: Jaume Muñoz, 2025

ISBN: 978-84-08-29711-6
Depósito legal: B. 17.341-2024
Impresión y encuadernación: Unigraf
Printed in Spain – Impreso en España

La lectura abre horizontes, iguala oportunidades y construye una sociedad mejor.

La propiedad intelectual es clave en la creación de contenidos culturales porque sostiene el ecosistema de quienes escriben y de nuestras librerías.

Al comprar este libro estarás contribuyendo a mantener dicho ecosistema vivo y en crecimiento.

En **Grupo Planeta** agradecemos que nos ayudes a apoyar así la autonomía creativa de autoras y autores para que puedan seguir desempeñando su labor.

Dirígete a CEDRO (Centro Español de Derechos Reprográficos) si necesitas fotocopiar o escanear algún fragmento de esta obra. Puedes contactar con CEDRO a través de la web www.conlicencia.com o por teléfono en el 91 702 19 70 / 93 272 04 47.

Queda expresamente prohibida la utilización o reproducción de este libro o de cualquiera de sus partes con el propósito de entrenar o alimentar sistemas o tecnologías de inteligencia artificial.

Lonely Planet y el logotipo de Lonely Planet son marcas registradas de Lonely Planet en la Oficina de Patentes y Marcas de EE UU y otros países. Lonely Planet no autoriza el uso de ninguna de sus marcas registradas a establecimientos comerciales tales como puntos de venta, hoteles o restaurantes. Por favor, informen de cualquier uso fraudulento a www.lonelyplanet.com/legal/intellectual-property.

El papel de este libro procede de bosques gestionados de forma sostenible y de fuentes controladas.